MUCHO MAS QUE NUMEROS

Dr. Paul Yonggi Cho

con R. Whitney Manzano

Traducción al castellano: M. Francisco Liévano R.

Editorial Vida

ISBN 0-8297-0531-7

Categoría: Crecimiento de la iglesia
Este libro fue publicado originalmente en inglés
con el título de *More Than Numbers* por Word Incorporated
© 1984 por Word Incorporated

Edición en idioma castellano
© Editorial Vida 1985
Miami, Florida 33167

INDICE

Introducción 5
1. El crecimiento de la iglesia y
   los recursos personales de usted 9
2. El crecimiento de la iglesia y
   el laicado 33
3. El crecimiento de la iglesia y
   el sistema de grupos hogareños 45
4. El crecimiento de la iglesia y
   los medios de información 69
5. El crecimiento de la iglesia y el reino
   de Dios 93
6. El crecimiento de la iglesia y el
   avivamiento 121
7. El crecimiento de la iglesia
   internacionalmente 159
8. El crecimiento de la iglesia y el futuro 177

9. Conclusión 205

Dedicado a Gracia, mi amada y fiel esposa
y colaboradora

INTRODUCCION

Las palabras "crecimiento de la iglesia" se están convirtiendo rápidamente en una expresión popular en todo el mundo. Sin embargo, ¿qué es el crecimiento de la iglesia? ¿Difiere el significado del término "crecimiento de la iglesia" de otros términos que se usan, tales como "evangelismo" y "obra misionera mundial"? Antes de tratar de contestar estas importantes preguntas, debo ofrecer un concepto general sobre la manera en que voy a enfocar este tema de suma importancia.

Por ser coreano, y por haber sido budista hasta el momento de mi conversión, he podido entender la postura definida de los cristianos provenientes del Tercer Mundo. Nosotros procedemos de una cultura que no es cristiana por tradición. Corea recibió a los primeros misioneros norteamericanos hace casi cien años. Desde entonces nosotros los cristianos evangélicos coreanos hemos desarrollado nuestras propias tradiciones. Esto es muy importante pues hace que para nosotros sea posible ser cristianos sin ser menos coreanos. En tiempos pasados, los misioneros no sólo llevaron su religión sino también su cultura a los países que evangelizaban. De ese modo, se hizo aparente que los nuevos convertidos perdían gran parte de su herencia propia. Creo que esto produjo un impedimento innecesario para la aceptación del evangelio de Jesucristo, el cual es para toda clase de personas. Por tanto, el crecimiento de la iglesia es algo más que sólo la obra misionera mundial, pues tal crecimiento ocurre a nivel individual o congregacional sin tener en cuenta la nacionalidad o trasfondo cultural.

Ya he dicho que soy ministro evangélico. ¿Qué quiero decir con eso? Es difícil clasificar cualquier cosa o a cualquier individuo. Sin embargo, sin definir nuestros términos, tendríamos dificultades para comunicar exactamente lo que queremos dar a entender. Cuando digo "evangélico" me refiero a que mantengo una postura básica tanto en lo que se refiere a la teología como al estilo de vida. Para decirlo de manera sencilla, creo en el Dios trino: Padre, Hijo y Espíritu Santo. Creo que la Biblia, en su texto original es la Palabra inspirada de Dios, y que es la autoridad final infalible en cuanto a fe y a metodología. Como cristiano evangélico también creo en una vida recta en el sentido moral que manifieste el fruto del Espíritu Santo. Finalmente, creo en el nuevo nacimiento que produce un cambio en el estilo de vida y un genuino deseo de que otras almas sean salvas del pecado. Aunque hay algunas diferencias entre los evangélicos con respecto a los dones del Espíritu Santo, en cuanto a la manera en que estos se manifiestan en la actualidad, yo creo que los cristianos consagrados debemos empeñarnos en guardar la unidad del Espíritu Santo en el vínculo de la paz.

También escribo este libro desde el punto de vista particular de un pastor que ha sido el iniciador de tres iglesias en los últimos veintiséis años. He aprendido mucho leyendo libros que han hecho que la Palabra de Dios me sea más clara. Sin embargo, puesto que no soy un experto en teología sino un doctor en derecho, tengo que escribir de acuerdo con mi propia experiencia personal. Dios ha sido muy bueno conmigo. Todas las iglesias que he fundado son aún asambleas saludables y crecientes. La iglesia que pastoreo actualmente cuenta con 330.000* miembros, y aún sigue creciendo a un promedio de 10.000 miembros por mes.

El éxito no ha llegado de manera rápida ni fácil. La mayor parte de las lecciones que he aprendido, han sido como resultado de haber pasado por pruebas difíciles en mi vida y en mi ministerio. La gracia de Dios siempre ha sido suficiente para la prueba del momento.

Como soy pastor, estoy interesado de manera particular en los principios de crecimiento de la iglesia que se relacionan con la congregación local. Por tanto, abordo este libro con la conciencia de que lo habrán de leer no sólo los pastores sino también los creyentes sinceros que se preocupan por sus iglesias. Por esta razón escribo el libro — hasta donde me sea posible — en un estilo sencillo, sin por ello limitar la profundidad de lo que Dios me ha enseñado.

Con frecuencia leo artículos y manuscritos en los que se citan mis enseñanzas sobre el crecimiento de la iglesia. Algunas veces me desilusiona la perspectiva que tienen los escritores de lo que digo. Por el hecho de que cuando enseño doy un gran número de principios y técnicas, algunos sólo oyen lo que se refiere a las técnicas y nunca captan la teología básica ni la filosofía espiritual que hacen que tales técnicas funcionen. El crecimiento de la iglesia es algo más que una serie de ideas y principios que al ponerlos en práctica hagan que automáticamente crezca la iglesia en número. Por esta razón, dedicaré la primera parte de este libro a tratar de establecer mi filosofía espiritual básica en forma tan clara como me sea posible. Me referiré particularmente a la condición del corazón del líder, pues es allí donde tiene que comenzar el crecimiento de la iglesia.

Finalmente, voy a dirigir mis observaciones directamente a usted, estimado lector. A menudo las personas leen los libros con indiferencia. Por favor, no haga eso con este libro. Confío que usted se unirá conmigo en un viaje de conocimiento espiritual sobre el crecimiento de la iglesia. Doy por sentado que usted es un cristiano entregado a Cristo que está interesado no sólo en el crecimiento de la iglesia de Jesucristo sino en particular en el de su propia congregación local, no importa si es grande o pequeña.

Por favor, lea usted este libro en un lugar tranquilo donde pueda sacarle el mejor provecho. También tenga a mano la Biblia, pues con frecuencia la citaré. Si usted quiere subrayar algo o escribir algunos apuntes en este libro, ¡espero que no lo haya tomado prestado! Este libro se escribió con la idea de que usted lo consulte con frecuencia. Si usted subraya o marca de alguna forma las partes interesantes, no tendrá dificultad en recordar donde se halla la porción que realmente le haya servido de ayuda.

*Nota editorial: Al disponernos a llevar a prensa este libro [1985], hemos recibido informes de que el número de miembros sobrepasa los 500.000

1
EL CRECIMIENTO DE LA IGLESIA
Y LOS RECURSOS PERSONALES DE USTED

Durante muchos años le he pedido al Señor que me dé la capacidad de hablar con autoridad sobre el tema del crecimiento de la iglesia. Recuerdo que hace años oré: "Señor, sólo cuento con 50.000 miembros. ¿Quién me pondrá atención cuando hable sobre el crecimiento de la iglesia?" Luego, cuando Dios me dio 100.000 miembros pensé que aún no podría hablar sobre este tema con autoridad real. Hace un par de años volví a acudir al Señor en oración: "Señor, si sólo me das 200.000 miembros, la gente me pondrá atención cuando yo hable acerca de las cosas que Tú me has enseñado en relación con el crecimiento de la iglesia. Al comienzo de 1983 habíamos llegado al histórico acontecimiento de que una sola congregación tuviera 200.000 miembros. Aunque es cierto que ninguna otra congregación había tenido jamás un número tan alto de miembros, aún me siento incómodo cuando hablo o escribo sobre el crecimiento de la iglesia. Pienso que aún queda mucho por aprender.

En muchísimas disciplinas, la investigación y el desarrollo constituyen un aspecto de interés sumamente importante. Pero históricamente hemos dado por sentado el desarrollo de la iglesia local. Tenemos que entender que la más importante entidad particular en esta tierra es el reino de Dios manifestado al mundo: la Iglesia de Jesucristo. ¿Por qué no se han hecho más estudios ni se ha escrito más sobre el desarrollo apropiado de la iglesia? Pero a medida que nos acercamos al fin de esta era, la iglesia está volviendo a tener un papel preponderante en la conciencia del pueblo de Dios

El crecimiento externo exige un crecimiento interno

El milagro que se ha producido en nuestra Iglesia Central del Evangelio Completo se hace aun más evidente cuando comprendemos que Corea ha sido tradicionalmente un país budista. Recuerdo que cuando yo era joven, oraba a Buda. Vengo de un hogar religioso budista. Por tanto, el hecho de que Dios me levantara para que desarrollara la iglesia más grande en la historia del cristianismo hay que atribuirlo a la multiforme gracia de Dios. Una de las verdades que aprendí en la primera parte de mi ministerio fue que para crecer por fuera primero tenemos que crecer por dentro. Cuando hablo de crecer interiormente me refiero al desarrollo de los recursos interiores del líder. Esto es de primordial importancia.

Recientemente me detuve cerca del sitio donde se estaba desarrollando el proyecto de un edificio cerca de mi hogar en Seúl. Al echar una mirada hacia la gran excavación que estaban haciendo, me pareció que estaban perforando un hoyo tan profundo que nada podría rellenarlo. Tanto los ingenieros como los obreros estaban trabajando con mucha precaución en el gran abismo. Le pregunté a una persona que estaba cerca: "¿Por qué están haciendo una excavación tan profunda?" El caballero miró hacia atrás, hacia donde yo estaba y con una sonrisa respondió: "Están haciendo una profunda excavación porque tienen el plan de hacer un edificio bien alto." El carácter fundamental de un hombre no siempre salta a la vista. Del mismo modo, el fundamento de un edificio no es visible cuando la estructura ya ha sido erigida. Pero cuando el edificio es sometido a aquella presión para la que fue construido, la fuerza del fundamento se hace sumamente decisiva. El líder de una iglesia tiene que tener un fundamento muy fuerte para que la iglesia crezca. De hecho, cuanto más grande sea la iglesia, tanto más sólido tiene que ser su fundamento.

Hace poco estuve en una gran ciudad norteamericana, para enseñar en una de nuestras Conferencias Internacionales sobre Crecimiento de la Iglesia. Una señora que tendría unos cuarenta años se me acercó y me preguntó con gran sinceridad:

— Doctor Cho, ¿qué puedo hacer para que mi iglesia crezca de manera dinámica?

— Señora, ¿dónde está su pastor? — le pregunté, mientras la miraba directamente a los ojos.

— ¡Ah! — respondió de inmediato —, mi pastor nunca viene a esta clase de reuniones.

Después de notar que ella le restaba importancia a la falta de interés de su pastor, le dije:

— Lo que usted puede hacer es regresar a su propia iglesia y comenzar a orar por su pastor. Pero no sólo ore por él. Comience a respaldar su trabajo en la iglesia. Tan pronto como él se convenza del sincero interés que usted tiene en el bienestar de la iglesia, acudirá a estas reuniones.

Sin el activo liderazgo del pastor, el crecimiento de la iglesia nunca puede ocurrir en realidad. He visto que algunos pastores envían a sus representantes o asociados a las conferencias sobre crecimiento de la iglesia. Pero el solo hecho de hacer eso no basta. Si usted es líder de una congregación cristiana, tiene que participar activamente en su crecimiento, o de lo contrario, buscar a otra persona para que la dirija. Si su iglesia no está creciendo, entonces creo que este libro es para usted. Si su iglesia está creciendo, pero cree que debería crecer más rápidamente, entonces usted necesita este libro. Quienquiera que usted sea, le garantizo que si continúa leyendo con cuidado nunca volverá a ser el mismo.

Cambie usted su actitud

La obra del crecimiento de la iglesia la comienza Dios en primer lugar en su corazón. Todas nuestras preocupaciones comienzan en el corazón. Jesús dijo: "No se turbe vuestro corazón. . ." (Juan 14:1). Salomón dijo: "Sobre toda cosa guardada, guarda tu corazón; porque de él mana la vida" (Proverbios 4:23). Salomón pasa a correlacionar el efecto que tiene la visión que uno tenga, sobre su corazón: "Hijo mío, está atento a mis palabras; inclina tu oído a mis razones. No se aparten de tus ojos; guárdalas en medio de tu corazón; porque son vida a los que las hallan, y medicina a todo tu cuerpo" (Proverbios 4:20-22).

¿Cómo llega uno a tener éxito en su condición de pastor, de hombre de negocios, o en cualquiera otra profesión? Primero tiene uno que cambiar la actitud de su corazón. ¿Cómo puede uno cambiar la actitud de su corazón? Tiene que examinar su visión. Si usted tiene una visión equivocada, o si su visión es demasiado reducida en relación con la capacidad que Dios le ha concedido, la actitud de su corazón también será incorrecta, y usted se sentirá desanimado, perplejo, y deprimido.

Algunos pastores excusan su fracaso con algunas palabras que suenan espirituales. Como continúan diciendo estas cosas, finalmente se convencen y convencen a sus congregaciones de que la falta de crecimiento es lo normal. Una vez se me acercó un pastor después de haber oído una de mis conferencias y me dijo: "Doctor Cho, no puedo estar de acuerdo con usted. Creo que Dios nos ha llamado para que seamos los pocos escogidos." Continuó con un suspiro y un aire de piedad: "Nosotros no contamos nuestra gente. Dios nos ha librado del engaño de los números." Como yo ya había oído antes estas cosas, no me ofendí por las afirmaciones de este pastor. Sencillamente le pedí que estudiara el libro de Los Hechos, especialmente el pasaje que se halla en el capítulo 2, versículo 41, donde Lucas nos dice que en el primer culto de la iglesia se convirtieron tres mil personas. En el siguiente culto de evangelización dirigido por Pedro y Juan, se nos dice que cinco mil personas fueron agregadas a la iglesia. Ahora bien, si Lucas pensó que registrar los resultados de las dos primeras reuniones de la iglesia tenía bastante importancia, ¿por qué debemos pasar por alto los datos que Dios obviamente mantiene?

El sentirse satisfecha con la pequeñez no sólo me revela falta de discernimiento sino también falta de compasión. Teniendo en cuenta que aún hay tres mil millones de personas que están esperando la oportunidad de rechazar o de aceptar el evangelio, no hay tiempo para sentirse uno satisfecho. Si ha de haber crecimiento de la iglesia, Dios tiene que obrar en los corazones de los líderes de esta.

La visión del hombre también limita su conducta

Nunca podremos ser más de lo que soñamos ser. Cuando fijamos nuestros ojos en la santa Palabra de Dios, y desarrollamos una profunda comunión con el Espíritu Santo: nuestra visión cambia. ¿Cómo puede usted cambiar su visión? Usted no puede, pero el

Espíritu Santo sí puede y quiere hacerlo.

Cuando estaba recién casado, le restaba importancia a mi esposa. Yo era un pastor que estaba muy ocupado. Cuando no estaba enseñando, estaba visitando y orando, o estaba viajando por todo el país en campañas de evangelización. Llegaba a la casa sencillamente para cambiarme de ropa y luego volver a salir. Después de algún tiempo, mi esposa se sintió deprimida y me reclamó:

—¿Para qué te casaste? Tú no necesitas una esposa. Lo único que tú necesitas es una empleada de servicio doméstico.

—Ese es el diablo —la reprendí de inmediato— que está hablando por medio de ti, mujer.

Me sentía justamente indignado, y continué:

—Soy un ministro del evangelio. Haré la voluntad de Dios, sin importarme lo que tú digas.

Un día mi querida suegra habló conmigo:

—Hijo, sé que tú amas a mi hija. Ahora que estás casado debes demostrar ese amor. Tienen que aprender a pasar tiempo juntos, a conocerse mutuamente, y eso también glorificará a Dios.

Dios tomó estas palabras y las usó, no sólo en mi vida matrimonial, sino también en mi relación con el Espíritu Santo. Yo tenía que ser librado del concepto de que el Espíritu Santo era sólo una experiencia y llegar a la comprensión de que El era en realidad una Persona divina.

Cuando comencé a esperar en El y a hablar con El, El llegó a ser muy real para mí y comenzó a cambiar mi visión. De hecho, cuando ponemos nuestra mirada en el Espíritu Santo, El toma el pincel de la fe, lo moja en la tinta de la Palabra de Dios y dibuja bellos cuadros en los lienzos de nuestros corazones. Después que El nos presenta un nuevo cuadro hacia el que tenemos que esforzarnos, hallamos una nueva motivación interna en cada uno de nosotros.

No hay obstáculo que pueda desanimar al hombre a quien el Espíritu Santo ha dado una visión. Uno de los principales obstáculos que deben vencerse es la opinión de aquellos que dicen: "Eso es imposible. Nunca antes ha sucedido así." ¿Cuál es el problema de ellos? Nunca han visto lo que Dios le ha mostrado a usted. Tan pronto como Dios le haya concedido a usted una visión, tiene que aprender a dedicar tiempo a soñar acerca de tal visión.

Esto es la esencia de mi filosofía cristiana. Cubre todos los principios relacionados con la obra del crecimiento de la iglesia. Lo llamo: "Visiones y Sueños". Al viajar por todo el mundo he visto evidencias de que la aplicación de "visiones y sueños" es algo que realmente funciona para cambiar la actitud del corazón de uno. Hace varios años, mi denominación [Asambleas de Dios] en Australia me pidió que ofreciera un seminario para nuestros pastores. Parecía que nuestras iglesias tenían un problema: no crecían. Australia es un bello país donde hay personas fuertes que trabajan arduamente. Siempre he admirado al pueblo australiano, y me había sorprendido por la manera como ellos habían manifestado una apertura a la obra del Espíritu Santo.

Antes de comenzar las conferencias, varios pastores me dijeron individualmente que ellos tenían dudas con respecto al crecimiento de la iglesia en Australia. "Esta es una sociedad rica; los australianos están más interesados en los deportes que en la obra de Dios." Eso me lo dijo un pastor que parecía estar muy desanimado. Otro pastor me dijo: "Sus principios pueden ser eficaces en Corea, pero no tendrán efecto aquí."

Después de orar, estuve seguro de que había hecho un diagnóstico del problema. Estos hombres estaban satisfechos con la condición en que se encontraban. Tenían congregaciones en que había entre treinta y cincuenta miembros, y como la mayoría de ellos diezmaba, podían vivir cómodamente sin extender la obra. Muy a menudo las iglesias se vuelven pequeños clubes exclusivos. Cuando esto sucede no se desarrolla el deseo de que la iglesia crezca.

Una experiencia de buen humor que tuve al llegar a Australia sólo fortaleció mi opinión con respecto a este problema de la iglesia. El viaje por aire desde Seúl, Corea, hasta Australia es muy largo. Cuando llegué me sentía cansado. Por tanto, deseaba ir a un buen hotel, tomar una ducha caliente y cenar una buena comida. Mi anfitrión me recibió con cordialidad en el aeropuerto, y colocó mi única maleta en su carro (siempre viajo con muy poco equipaje), y me llevó al hotel. Mi mente no estaba oyendo la leve conversación que estábamos desarrollando, sino pensando en una siesta que mucho necesitaba después de la comida; luego estaría listo para la primera reunión. Mientras continuábamos avanzando en el carro de mi anfitrión, pasamos frente al magnífico Hotel Hilton, pero a la distancia se veía el Hotel Hyatt, y hacia ese punto nos dirigíamos. Para sorpresa mía, pasamos por frente al Hotel Hyatt. De hecho, cruzamos por el centro de la ciudad rumbo a una zona marginal. Al poco tiempo nos detuvimos frente a la Asociación de Jóvenes Cristianas. ¡Allí yo era el único hombre en una casa de huéspedes para mujeres! Al entrar en el comedor hubo otro problema. Noté que había varios grupos de damas que me miraban y se reían. Pasé junto a varias mesas hasta llegar a la cocina.

En la pared, detrás de la puerta, estaba el único teléfono de la casa de huéspedes. Al volver a mirar hacia el comedor, las mismas mujeres continuaban riéndose. Me sentí de la misma forma que un animal oriental en un zoológico de Occidente.

— Por favor — le dije a la operadora, aún incómodo a causa de las raras circunstancias en que me hallaba —, quiero hablar con la señora Cho en este número, a pagar allá.

— Ah, mi amor — me contestó alegremente mi esposa —, dame el número del hotel donde te hospedas para llamarte.

— Bueno, no sé el número — le respondí humildemente.

De inmediato mi esposa comprendió que había algo raro. Y con gran firmeza me preguntó:

— ¿Dónde estás tú?

— Los pastores me colocaron en la hostería de la Asociación de Jóvenes Cristianas — le confesé finalmente.

— Sal de ahí inmediatamente — me dijo sin vacilación.

Luego de explicarle a mi esposa que, aunque yo tenía suficiente dinero para hospedarme en un hotel de primera clase, no quería ofender a mis anfitriones, ella con mucha comprensión convino en que permaneciera allí. Este incidente constituyó otra indicación del problema mayor que había en los líderes. Ellos no confiaban en que Dios haría cosas mayores.

Esa semana empleé mucho tiempo enseñando a los líderes a que comenzaran a ampliar su visión y sus sueños. Aunque parezca asombroso, parece que nuestro Padre celestial permite que sus representantes en la tierra lo limiten en su actividad por medio de la falta de visión. Después de tratar lo relacionado con la manera de ampliar su visión y sus sueños, les enseñé los mismos principios de crecimiento de la iglesia que incluyo en este libro. Me sentí muy complacido al oír el año pasado que después de la conferencia sobre crecimiento de la iglesia las iglesias de las Asambleas de Dios en Australia han experimentado un notable crecimiento. Después de dos años su promedio de crecimiento era de menos del uno por ciento. Puesto que la población de Australia había crecido en una proporción mucho más alta, las iglesias en ese país habían llegado a ser menos significativas con el paso de cada año. Ahora todo era diferente.

¿Qué les pasó a los pastores australianos? La actitud de su corazón cambió. Habían captado una nueva visión del Espíritu Santo, se habían extendido en conformidad con dicha visión, y finalmente habían visto que la visión se hizo realidad. Este proceso se le hará mucho más claro a usted a medida que continúe leyendo.

Las visiones y los sueños son el lenguaje del Espíritu Santo.

Si escribiéramos este libro en coreano, estoy seguro de que la mayoría de los lectores no lo entenderían. Si usted no lo entiende, este libro es de poco valor para usted. Así también nosotros tenemos que aprender el lenguaje del Espíritu Santo.

Pablo nos reveló un aspecto importante del lenguaje de Dios cuando escribió: ". . .Dios . . . el cual da vida a los muertos, y llama las cosas que no son, como si fuesen" (Romanos 4:17). Pablo se refería a la postura de fe que tuvo Abraham. De hecho, Abraham es un ejemplo perfecto de un hombre que aprendió a entrar en el reino de las visiones y los sueños. Fue un hombre que no estuvo dispuesto a quedarse conforme con el *status quo*. El pudo abandonar lo conocido y que todos aceptaban para entrar en un nuevo lugar.

Dios le dio la siguiente promesa a Abraham: "Vete de tu tierra y de tu parentela, y de la casa de tu padre, a la tierra que te mostraré. Y haré de ti una nación grande, y te bendeciré, y engrandeceré tu nombre, y serás bendición . . . y serán benditas en ti todas las familias de la tierra." Si Abraham se hubiera dedicado a considerar sus circunstancias, hubiera descartado lo que Dios le había dicho, y hubiera permanecido en Harán. Sara su esposa era estéril. El tenía 75 años de edad. Canaán era una tierra extraña. Sin embargo, en Abraham hubo una característica básica que hizo que él obedeciera a pesar de todos los obstáculos. En vez de ver el cumplimiento de la promesa de Dios, experimentó hambre, y esto lo obligó a marcharse a Egipto. En Egipto también se enfrentó a circunstancias desconcertantes, pero las soportó y regresó a Canaán. Tan pronto como se separó de Lot, Dios le volvió a hablar: "Alza ahora tus ojos, y mira desde el lugar donde estás hacia el norte y el sur, y al oriente y al occidente. Porque toda la tierra que ves, la daré a ti y a tu descendencia para siempre" (Génesis 13:14, 15). Abraham tuvo que llegar al punto en que vio lo que Dios le estaba prometiendo. Antes que Abraham comenzara a andar en conformidad con la promesa de Dios, él tenía que ver su cumplimiento. Antes que usted entre en una nueva dimensión de éxito en su vida y en su ministerio, tiene que tener ojos para ver ese éxito.

Notemos que Abraham fue el primero que fue obediente a Dios en cuanto a abandonar lo conocido y estar dispuesto a entrar en lo desconocido. Aunque creyó que Dios haría lo que prometía, tenía que ver la promesa cumplida, antes de moverse realmente hacia adelante basado en ella. El mismo principio se ve en el cumplimiento de la promesa que Dios le hizo con respecto a un hijo. Cuando Abraham miró las estrellas en el cielo, vio el cumplimiento de la promesa de Dios. "Cuenta las estrellas", le dijo Dios. "Así será tu descendencia."

Tan pronto como Abraham entró en una relación

de obediencia con Dios, El le dio una visión. Abraham se pasaba las primeras horas de todas las noches mirando las estrellas del cielo, y su imaginación se llenó del cumplimiento de la promesa de Dios. El tendría que incubar esa promesa durante unos veinticinco años, antes de verla convertida en realidad, pero había comenzado a aprender el lenguaje del Espíritu Santo: "Dios . . . llama las cosas que no son, como si fuesen."

Pablo nos ofrece una ulterior descripción de la obra del Espíritu Santo, al revelarnos los propósitos de Dios para nosotros: "Cosas que ojo no vio, ni oído oyó, ni han subido en corazón de hombre, son las que Dios ha preparado para los que le aman" (1 Corintios 2:9). Luego Pablo agrega algo nuevo a lo que había sido una cita general de Isaías 64:4: "Pero Dios nos las reveló a nosotros por el Espíritu." Pablo nos muestra además por qué el Espíritu Santo puede revelarnos el plan de Dios para nosotros: ". . . porque el Espíritu todo lo escudriña, aun lo profundo de Dios" (1 Corintios 2:10).

Siempre tenemos que recordar que Dios está más interesado que nosotros mismos en que tengamos éxito en el crecimiento de la iglesia. Al fin y al cabo, es su iglesia. El problema está en que nuestros corazones no han tenido la actitud apropiada por el hecho de que nuestra visión no ha sido correcta. Nuestra visión no ha sido la adecuada por cuanto no hemos entrado en una profunda y amorosa comunión con el Espíritu Santo. Ahora bien, la manera de hacer frente a una enfermedad — según aprendí en la escuela de medicina — no consiste en tratar los síntomas, sino en llegar a la raíz del problema. Una iglesia que no crece es la enfermedad. La raíz del problema es la falta de líderes con una visión para la iglesia. Los líderes han fallado en cuanto a tener comunión con el Espíritu Santo.

Nosotros somos esencialmente seres espirituales, que usamos el intelecto y la emoción, los cuales están albergados en un cuerpo físico. Cuando experimentamos el nuevo nacimiento, nuestros espíritus reviven, pero necesitan nutrirse y desarrollarse. Se nos ha dado el Espíritu Santo como el Consolador para que nos dirija y nos guíe. El tiene la mente de Dios, incluso para la iglesia. Tan pronto usted reciba su dirección y visión, cambiará la actitud de su corazón como de una de fracaso a una de éxito. Es entonces cuando usted comenzará a ser motivado por una fuerza más grande que ninguna otra que haya experimentado jamás, al poner en práctica los principios adecuados para el crecimiento de la iglesia, comenzará a ver los resultados.

Sin cambiar la actitud del corazón de esta manera, usted podría leer este libro y todos los demás que se hayan escrito sobre el crecimiento de la iglesia, y nunca vería un cambio en su vida o en su ministerio. Aprendí este principio al comienzo de mi ministerio. Estaba fundando una iglesia en un país no cristiano. Acababa de salir del colegio bíblico, y estaba rodeado por la pobreza y la enfermedad en un país que se recuperaba de dos guerras devastadoras. Todas las circunstancias eran negativas. Aprendí a ayunar no por causa de mi espiritualidad sino porque no había nada que comer. No aprendí estos principios todos a la vez. Se necesitaron años para que el Espíritu Santo desarrollara esta comprensión en mi vida y en mi ministerio.

Ahora mismo tengo la visión de que para el año 1984 nuestra iglesia local tenga medio millón de miembros. Cuando despierto, la visión de estas personas llena mi mente, y cuando me acuesto las veo en forma tan real como si les estuviera predicando hoy. Según nuestro promedio actual de crecimiento, y teniendo en cuenta que nuestro programa de construcción está en marcha, no tengo ninguna duda de que esta visión llegará a ser realidad en el lapso de tiempo que se le ha asignado.

Hace poco oí acerca de una pareja que se dedica al negocio de automóviles en Nueva York. Dicha pareja puso en práctica este principio en su negocio. Después de sólo tres años, ya tienen la concesionaria más grande de la marca de autos que ellos representan. Esto se vuelve más impresionante al enterarnos que 1982 fue el año en que quebraron más concesionarias que en cualquier otro año anterior en los Estados Unidos. Los principios divinos son eficaces en cualquier empresa, incluso en la industria automovilística.

El Espíritu Santo está bien enterado de que este es el tiempo del fin del mundo. Ahora, El está preparando a la esposa de Jesucristo para la segunda venida del Esposo. Sin embargo, el hecho de que más del 70 por ciento de los cuatro mil quinientos millones de personas que viven hoy en el mundo no han tenido la oportunidad de aceptar o rechazar a Jesucristo me hace pensar muy seriamente. Si la iglesia despierta para asumir la gran tarea y comienza a crecer en cada localidad, cuando Cristo venga veremos más personas en el cielo que en el infierno. En todos los continentes de la tierra, fácilmente pudiese haber millares de iglesias tan grandes o mayores que nuestra asamblea.

El obstáculo más grande para que se cumpla el deseo de Dios de ver que su iglesia crezca es la falta de visión de sus líderes. "Eso no puede suceder aquí. Este es un campo muy duro." Tenemos que eliminar estas declaraciones negativas; tienen que salir de nuestro vocabulario de una vez por todas. Debemos comenzar a usar el lenguaje del Espíritu Santo y desarrollar una nueva conciencia de éxito en la mente de nuestra gente.

Hay que cambiar la imagen de uno mismo

"Doctor Cho, yo soy un inútil pecador. ¿Por qué habría de usarme Dios para edificar una iglesia grande?" Eso me lo preguntó un pastor completamente desalentado que estaba pensando renunciar a su iglesia y abandonar el ministerio por completo.

¿Cuál es la imagen que usted tiene de sí mismo? ¿Cuánto usted piensa que vale? ¿Puede Dios usarlo para que se produzca un cambio significativo en el mundo? Estas son preguntas importantes que deberá hacerse al analizar su propia imagen.

Crecí en un país que estaba bajo la ocupación japonesa. Se nos prohibió usar nuestros nombres coreanos y hablar nuestro idioma. De hecho, los manuscritos coreanos fueron escondidos bajo la tierra en vasijas de arcilla a fin de que no perdiéramos nuestra herencia nacional que ha existido por más de cinco mil años. Miles de coreanos fueron obligados a ir al Japón para que laboraran como trabajadores ordinarios. Muchos aún no se han percatado de que cuando cayeron las bombas atómicas sobre Hiroshima y Nagasaki — dos zonas industriales del Japón — también murieron millares de coreanos.

Si alguien me hubiera dicho cuando niño que sería usado por Dios para desarrollar la congregación más grande de la historia, simplemente me hubiera reído. Era un budista devoto y no tenía intenciones de cambiar. Mi condición física era muy débil a causa de una tuberculosis que parecía terminal. Si hablamos en términos de béisbol, yo diría que en mi cuenta había dos *strikes* y ya venía una bola rápida. Sin embargo, a partir de esta deplorable condición, Dios cambió por completo la imagen que yo tenía de mí mismo. A causa de mis antecedentes personales, he podido entender la condición de muchas personas oprimidas que no tienen esperanza de un futuro. Es por tanto, mi opinión personal que Dios puede cambiar la imagen negativa que se tenga de uno mismo cuando uno considera que no tiene ningún valor personal, y darle la imagen de un siervo de Dios por quien Dios envió a su Hijo a morir. No sólo somos redimidos de la maldición del pecado en lo que se refiere a nuestro espíritu, nuestra alma, y nuestro cuerpo; sino que somos redimidos específicamente del pecado en lo que afecta a nuestra fuerza de motivación.

Para motivar a otros al éxito, tenemos que tener una actitud de éxito no sólo en nuestra conversación sino también en nuestras vidas. Muchas iglesias tienen una actitud negativa con respecto al crecimiento por cuanto el pastor no posee una estima suficientemente alta de sí mismo. Esto es algo clave en el liderazgo. La razón por la que tenemos una pobre imagen de nosotros mismos puede ser una de las siguientes: apariencia desagradable, escasa educación, falta de disciplina, un bajo estrato social, falta de capacidad y precaria salud. Esta lista está muy lejos de ser exhaustiva, pero representa las excusas que se dan para explicar la mala imagen propia.

Apariencia desagradable

Al viajar por el mundo occidental, veo un fenómeno común: que los predicadores son gordos. Debido a nuestra dieta coreana que hace hincapié en el consumo de muy pequeñas porciones de grasas y carbohidratos, la obesidad nunca ha sido uno de mis problemas. Sin embargo he visto a muchos pastores norteamericanos que se hartan después de los cultos. Los alimentos que consumen están destinados a hacerlos aumentar de peso. He oído las excusas que presentan: "Doctor Cho, tengo un problema de peso a causa de mis glándulas." Cuando me encuentro con embajadores de las principales naciones del mundo, uno de los rasgos comunes que parecen poseer es una apariencia general buena. Tal vez no sean jóvenes ni bien parecidos, sin embargo dan la apariencia de estar en buena forma. Al fin y al cabo, ¿no están ellos representando a su propio país? ¿No deben tratar de presentar la mejor imagen? Por otra parte, el reino de Dios también tiene sus embajadores. Ellos representan al Rey de reyes y Señor de señores.

Opino que un líder puede cambiar la imagen de sí mismo siendo cuidadoso de su régimen alimenticio y haciendo lo mejor que pueda con lo que Dios le haya dado. Haga usted un inventario de su apariencia. ¿Está usted haciendo lo mejor posible como embajador de Cristo para presentar una imagen que otros puedan imitar? Si no lo está haciendo, entonces, nunca es demasiado tarde para cambiar. Tan pronto como usted comience a sentirse bien con respecto a sí mismo, descubrirá que otros también se sentirán bien con respecto a usted. El hecho de aprender a coordinar los colores y la ropa de manera conservadora no necesita ser costoso; pero el hacerlo establecerá una gran diferencia en la manera en que otros escuchen lo que usted tenga que decir. La gente lo mira a usted antes de oírlo. Lo que vean afectará cómo han de oír.

Escasa educación

Me gustaría tener una educación formal mejor que la que tengo. El hecho de haber crecido en tiempos tan difíciles limitó mis posibilidades de adquirir una educación formal. Sin embargo, he pasado toda mi vida aprendiendo. La gente se sorprende de que yo tenga un programa en inglés por las estaciones de televisión de los Estados Unidos. Hasta donde yo tenga conocimiento al respecto, soy el único extranjero que se presenta por la televisión norteamericana. ¿Cuántos años estudié inglés en la escuela? Ni uno.

Estudié libros, hice muchas preguntas y practiqué. Después de pocos años, estaba hablando inglés con fluidez. Hablo en inglés en la mayoría de los países a los que viajo y mis mensajes son traducidos por un intérprete a la lengua de la localidad. ¿Cómo aprendí tan rápidamente a hablar? El Espíritu Santo me dio el deseo. Me esforcé y practiqué muchas y largas horas. Y finalmente, creí que podría tener éxito por cuanto el Espíritu Santo está en mí, y todo lo puedo en Cristo.

Cuando voy al Japón también hablo en japonés. De hecho, también aparezco en la televisión japonesa. Cuando me encuentro en países de habla alemana, practico mi alemán. ¿Por qué me molesto en aprender? Porque mi llamamiento no es sólo para Corea, sino para todas las naciones del mundo. Cuanto más sepa acerca de la lengua, la cultura y la historia de otros pueblos, tanto más podré ofrecerles ayuda espiritual. Ninguna persona necesita pasar el resto de su vida sin poseer una educación. Si usted no ha recibido mucha educación formal, puede recibirla; puede educarse a sí mismo. Uno de los problemas que se me presentan cuando viajo es el de oír que los naturales de determinado país hablan su propia lengua de una manera muy incorrecta. Si el mensaje del Evangelio de Jesucristo es importante para expresarlo con palabras, es suficientemente importante para expresarlo correctamente.

Falta de disciplina

La falta de disciplina es otra razón por la cual la gente tiene una pobre imagen de sí misma. He acudido a citas con líderes que se presentan con una o dos horas de retraso. El tránsito, la presión de los negocios y las circunstancias inesperadas son excusas que no justifican la tardanza. Tengo la reputación de siempre llegar temprano a los compromisos. ¿Por qué? Porque creo que si alguien es suficientemente importante para que yo me entreviste con él, no debo dejarlo esperando. El hecho de que yo pueda cumplir mis compromisos a tiempo y aun así pastorear de manera activa la iglesia más grande del mundo, se debe a la disciplina personal. Cuando usted haga planes, separe cierto tiempo para lo inesperado. Si tiene un compromiso en el otro lado de la ciudad, salga unos minutos más temprano, por si acaso hay algún problema con el tránsito. Si no hay problemas de tránsito, llegará temprano a la cita. ¡Qué cumplido para el otro que tiene el compromiso con usted!

La vida disciplinada en usted ayudará a desarrollar la disciplina en otros con quienes usted trabaje. Puesto que creo en la delegación, no sólo de responsabilidades, sino también de autoridad, tengo que confiar en otros que me ayuden a dirigir el gran rebaño. Ahora mismo tenemos en nuestra iglesia más de trescientos pastores a tiempo completo en nuestro personal. Si yo no me disciplino, tanto en mi vida de oración como en mi vida social, en mi tiempo de estudio y de trabajo, ellos no serían tan responsables como deben ser en el cumplimiento de nuestra meta mutua de edificar la iglesia de Dios.

El pecado es una de las principales causas de que uno tenga una mala imagen de sí mismo. Por tanto, es imperativo que toda persona a quien Dios desea usar en la edificación de su iglesia, mantenga una vida santa. Aquello que usted observa y en lo cual se detiene afectará lo que habrá de llegar a ser. Si hay un pecado en su vida, confiéselo de inmediato a Dios. Arrepiéntase de él y pida la gracia de Dios para vivir moralmente limpio. Los éxitos pequeños conducen a las grandes victorias. Pronto descubrirá que la imagen que tiene de sí mismo ha cambiado. Dios es amoroso y perdonador. Si El espera que usted perdone a su hermano, ¿por qué no habría de perdonarlo a usted?

Un bajo estrato social

En Corea, el nivel social es una parte importante de nuestra sociedad. La superpoblación es un aspecto histórico de la vida asiática. Confucio enseñó un sistema de ética que aún se practica en la mayor parte de los países asiáticos. Esta cultura no se conoce en los países de Occidente donde la igualdad es la norma. A la gente se le dirige la palabra y se le habla en forma diferente, basados en su nivel social; teniendo en cuenta: la familia, la educación, la posición, y la edad. Sin embargo, si estamos en Cristo, no hay diferencias. Podemos tenerlas en esta tierra, pero son temporales. En lo referente a lo eterno, hemos de ser juzgados según la fidelidad a nuestro llamamiento. Por tanto, he aprendido a respetar a los que lo merecen en esta tierra pero no me veo limitado por nuestros sistemas terrenales pues nosotros no somos de este mundo.

A mí no me importa cuan bajo sea el abolengo de su familia. Usted puede cambiar su propia imagen. Recordemos que Jesús nació en una situación familiar de mucha pobreza, y Él es el Hijo de Dios. Tan pronto como usted tenga una nueva visión de la voluntad de Dios para su vida y su ministerio, podrá vencer todas las barreras de la sociedad y tener éxito.

Falta de capacidad

La capacidad puede variar pero el éxito es para todos. Nuestro problema comienza cuando nos comparamos con otras personas. Si en los exámenes no podemos obtener mejores calificaciones que nuestros amigos, nos rendimos y desarrollamos una pobre imagen de nosotros mismos. El método para vencer este obstáculo consiste en compararnos con la meta que Dios ha puesto delante de nosotros. Él nunca nos guía a hacer ninguna cosa para la que no nos haya dado gracia y fortaleza a fin de que la cumplamos con éxito. No se juzgue usted a sí mismo con demasiada dureza ni con demasiada rapidez. El científico Einstein fue suspendido en su primer curso de matemáticas. Millonarios famosos han destacado el hecho de que numerosas veces han ido a la quiebra, pero han continuado procurando el éxito. Por el solo hecho de que usted haya fracasado, no debe considerar que es un fracasado. Yo he cometido muchos errores en mi ministerio, pero eso no significa que soy un error de Dios. He aprendido valiosas lecciones de mis errores, y he podido ayudar a incontables personas gracias a lo que aprendí.

Precaria salud

Mi salud natural es una de mis posesiones de más valor. Puedo participar en numerosos cultos los domingos; esa misma noche salir para una Conferencia Internacional sobre Crecimiento de la Iglesia en alguna otra parte del mundo, comenzar a ministrar el martes de la misma semana y continuar toda la semana con múltiples reuniones. Mis anfitriones no siempre comprenden todo lo que he hecho antes de llegar. Ellos creen que llego para entregarme por completo a su comunidad. Yo tengo que depender de mi salud.

No solo confío que Dios me sana, sino también que me da la salud. Sin embargo, tengo que cooperar con Dios en el sentido de mantener mi cuerpo en condiciones adecuadas. Hago ejercicio con regularidad y tengo cuidado con lo que como. Me mantengo alejado de los manjares dulces. Descanso con tanta frecuencia como me sea posible. Mi vocación es tan importante que no puedo permitir que sea obstaculizada por una precaria salud.

He aprendido algo de los años en que no he tenido buena salud. Puesto que cuando joven estuve tuberculoso una vez, mi cuerpo no es por naturaleza tan fuerte como el de otros. Esto lo tengo en mente cuando me viene la tentación de aceptar demasiado trabajo.

La tensión emocional es uno de los mayores problemas para poder mantener bien la salud. Cuando acostumbraba a hacerlo todo en mi iglesia, el agotamiento me derrumbaba. Ahora he aprendido a confiar en los demás. Dejo que mis compañeros de trabajo cometan errores y aprendan algo de tales errores, pues así hace Dios conmigo. He descubierto que si delego responsabilidades, puedo hacer mucho más con mucho menos esfuerzo y energía.

Sin embargo, hay líderes de la iglesia que tienen impedimentos físicos. Estos impedimentos no deben afectar la capacidad de uno para servir al pueblo de Dios. Debemos tomar nuestras desventajas y convertirlas en ventajas. Debemos creer que Dios nos sana y nos restaura por completo, pero no debemos permitir nunca que cualquier impedimento físico nos impida cumplir el llamamiento que Dios ha puesto en nuestras vidas. Recordemos que la gente está más consciente de nuestra actitud hacia nuestra propia incapacidad que de la propia incapacidad.

La más grande incapacidad que uno pueda tener está en su propia mente y en su actitud. Debemos tener cuidado en lo que se refiere a las personas con las cuales nos asociamos. ¿Están estas personas limitando la imagen que tenemos de nosotros mismos? ¿Cuáles fueron las actitudes de nuestros padres hacia nosotros? ¿Dijeron ellos alguna vez: "Tú no eres bueno para nada; eres un fracasado; eres precisamente como tu madre" o "eres precisamente como tu padre"? Con frecuencia, los padres dicen cosas que son el resultado de sus propias frustraciones, sin darse cuenta de los efectos continuos que sus palabras producen en sus hijos. Sin embargo, mediante el poder del Espíritu Santo, podemos librarnos de los efectos de incapacidad que nos han producido nuestros padres y amigos. Podemos leer la Palabra de Dios y descubrir lo que Dios dice acerca de nosotros. Si Dios no hubiera creído que nosotros somos de valor, no hubiera enviado a su Hijo unigénito a morir por nosotros, ni nos hubiera llamado a integrar su grupo especial: la iglesia. Sí, somos de gran valor. Podemos hacer por su gracia todo lo que Dios nos ha llamado a hacer.

Algunas veces le pedimos a Dios que haga algo en nuestra iglesia y luego damos un paso atrás para ver lo que Dios hace. Esta es una gran equivocación. Si Dios ha de obrar algo en la iglesia, lo hará por medio de nosotros. Si Dios fuera a producir el crecimiento de la iglesia sin usarnos a nosotros, la iglesia hubiera terminado su obra hace siglos, y ya Cristo hubiera venido. Si Dios va a obrar, lo hará por medio de usted y de mí. Por esta razón, nuestros recursos personales son de suma importancia. ¿Cómo sería si tuviéramos el éxito que creemos vamos a tener? La respuesta que se dé a esta pregunta es muy importante. Nuestro carácter se está preparando actualmente para la explosión más grande de crecimiento de la iglesia que haya habido en la historia. Se nos está sometiendo a prueba y obtenemos gracia para vencer en la prueba. ¿Por qué? Porque Dios quiere usarnos.

Ahora estamos listos para pasar a la siguiente sección de este libro que se refiere esencialmente a la metodología para el crecimiento de la iglesia. Si usted leyó este capítulo y pensó que no se aplica a usted, es mejor que lo vuelva a leer. Si usted piensa que al entender su problema ya lo ha vencido, es mejor que recuerde que la comprensión es sólo una parte de la solución. Sí, ahora usted puede confiar en la gracia de

Dios para poner en práctica los pasos que harán que usted venza.

Al alistarnos a entrar en un nuevo capítulo, tengo la fe de que ya usted ha cambiado la actitud de su corazón. Usted está aprendiendo la manera de tener comunión con el Espíritu Santo y de esa manera está recibiendo una visión fresca y nuevos sueños. Y finalmente, usted entra al siguiente capítulo con una imagen saludable de sí mismo.

2
EL CRECIMIENTO DE LA IGLESIA
Y EL LAICADO

Mi libro *Successful Home Cell Groups* (Los grupos familiares y el crecimiento de la iglesia) les fue útil a muchos pastores. La primera parte de ese libro se refiere al hecho de que yo fui librado de la ambición personal y del temor. Estos dos rasgos devastadores impedirán que los líderes de la iglesia comprendan uno de los aspectos decisivos del crecimiento, es decir, el uso apropiado de los laicos.

El tiempo es un elemento limitado, pues sólo tenemos 1.440 minutos cada día. La energía es otro elemento limitado, pues sencillamente hay muchísimas cosas que el hombre puede hacer antes de que su cuerpo exija descanso. De modo que, ¿cómo puedo tener 500.000 miembros en mi iglesia en 1984, si estas limitaciones me afectan a mí en la misma forma en que lo afectan a usted? He aprendido a emplear a mis laicos en la obra del ministerio. En este momento tengo más de 18.000 líderes de grupos hogareños. Estos son ayudantes no remunerados de nuestra iglesia. Ellos constituyen la base de mi ministerio local. Antes de compartir con usted algo más sobre el éxito ilimitado de este sistema, hay varios aspectos básicos que necesitamos tratar.

¿Cuál es la posición del laicado en su iglesia?

Busqué hoy en un diccionario la palabra "laico". Quedé asombrado por la definición que se da allí. "Un miembro de la congregación a distinción del clero. Persona que no tiene ningunas capacidades avanzadas ni entrenamiento especial." Eso fue lo que leí. Así es como se define a un laico. Temo que el diccionario haya expresado en palabras el erróneo concepto general que la mayoría de los cristianos tienen acerca del laico.

A mí me parece que la epístola que Pablo envió a la iglesia de Efeso es una de las enseñanzas más claras y completas que él ofrece con respecto al papel que cada uno de nosotros debe desempeñar en la iglesia. Pablo escribió esta epístola desde una celda de la prisión. El había estado pensando por largas horas en sus experiencias en el ministerio. Ahora, sin la distracción de mayores alteraciones, nos ofrece nuestra más importante tarea en el ministerio. "Y él mismo constituyó a unos, apóstoles; a otros, profetas; a otros, evangelistas; a otros, pastores y maestros, a fin de perfeccionar a los santos para la obra del ministerio, para la edificación del cuerpo de Cristo" (Efesios 4:11, 12).

La tarea que Pablo considera de primordial importancia en el ministerio es la *preparación* del laicado para la obra del ministerio. Tan pronto como cada persona entra en el cuerpo de Cristo, automáticamente se inscribe en un programa de preparación para el ministerio.

De hecho, cuando leo el libro de Los Hechos, nunca veo que Dios le concede al nuevo convertido la opción de ser activo si lo desea. Cuando los nuevos convertidos entran en nuestra asamblea, llegan con una fe fresca. Sólo después que han estado sentados sin hacer nada se vuelven pasivos. Por tanto, es imperativo que todos los nuevos convertidos al entrar en la iglesia sean considerados como participantes activos en el ministerio. A través de muchos años he tenido la experiencia de que con una adecuada preparación, los laicos se convierten en nuestro recurso más eficaz para la evangelización.

Para ganar a alguien para Cristo, tiene que haber un puente de confianza entre el que da el testimonio de Cristo y aquel a quien se da dicho testimonio. Algunas veces un extraño puede ganar a una persona para Cristo, pero con más frecuencia se necesita una simpatía personal. Todo nuevo convertido tiene esta simpatía con miembros de su familia, o con amigos, o con asociados en los negocios. Toda persona a quien el nuevo convertido conozca es potencialmente un nuevo miembro de la iglesia. Esta confianza, establecida a través de muchos años, no debe pasarse por alto.

Los nuevos convertidos tienen también una fe recién despertada que por lo general bulle por el sentimiento de haber sido perdonados y aceptados. Tan pronto como el nuevo convertido reciba entrenamiento podrá comunicar con eficacia esta fe a otros que lo conocieron antes de convertirse. A veces me encuentro con que los nuevos convertidos son demasiado enérgicos. Incluso pueden manifestar un entusiasmo propio de novatos. Sin embargo, si uno canaliza sus energías de manera adecuada, llegarán a ser testigos eficaces. El apóstol Pablo en un tiempo persiguió con energía a la iglesia. En esto estaba siguiendo su sincera creencia de que esta nueva secta judía era una fuerza destructiva. Muy poco tiempo después de que fuera detenido por Cristo en el camino a Damasco proclamó con entusiasmo a Cristo a judíos y gentiles. Sin embargo, su celo fue la causa de mucha persecución. En Hechos 9 Lucas nos dice que los discípulos lo enviaron a Tarso, su pueblo natal. En el versículo 31 de este mismo capítulo, descubrimos algo muy interesante: "Entonces las iglesias tenían paz por toda Judea, Galilea y Samaria." Las iglesias tuvieron paz tan pronto como Pablo se fue. No obstante, todos sabemos cuan eficaz llegó a ser Pablo como testigo de Cristo, después que pasó su entrenamiento con el Espíritu Santo.

Tal vez algunos de los miembros más problemáticos de su iglesia son así por cuanto no se los ha reconocido, ni se los ha desafiado. Un miembro que sea apático nunca causará ningún problema. ¿Cuál es la posición del laicado en su iglesia? Su iglesia puede crecer de manera dinámica si usted considera a los laicos como asociados potenciales capaces de dar testimonio y de constituirse en extensiones de su propio ministerio.

Cómo preparo al laicado

Cuando el nuevo convertido comienza a ser entrenado hay que seguir varios pasos.

Primer paso. Enseñe al laico cuan importante es él para la iglesia en su totalidad. En una iglesia grande, al individuo puede desarrollársele un sentir de que él es insignificante. Cuanto más grande sea la asamblea tanto menos obvio se hace cada miembro. Sin embargo, tal como ocurre con el cuerpo físico, cada célula es importante. Los nuevos miembros tienen que saber que Dios les ha dado un don y que ese don lo necesitamos todos los de la iglesia en gran manera. Ellos deben saber que son importantes.

Segundo paso. Hay que motivar a los nuevos convertidos. Una de las cosas más importantes que puede hacer el pastor es motivar a su gente. Para motivar a alguna persona, usted tiene que motivarse a sí mismo. Esta es la razón por la cual dediqué la primera parte de este libro al estudio de los recursos personales. Los sermones tienen que tener un propósito. No podemos hablar sobre temas que no tienen significado para las personas que nos oyen.

Un pastor norteamericano llegó a mi iglesia hace varios años para hablar allí. Comenzó denunciando a los norvietnamitas y los horrores de la guerra en Vietnam. Aunque este era un tema de interés para los cristianos norteamericanos, era poco importante para nuestros miembros coreanos.

Pocos supieron que mientras yo interpretaba este sermón que se predicaba en inglés lo iba reemplazando con mi propio sermón. Después del culto, el predicador visitante se sintió muy complacido con la reacción que había recibido de los miembros de mi iglesia. Nunca supo que no llegaron a oír su sermón. Pero yo entendí que era importante que mi gente fuera alimentada y motivada. Por ese motivo, me tomé la libertad de añadirle el mío al sermón suyo.

Tercer paso. Hay que reconocer a los laicos. Nosotros les extendemos certificados a todos los que se gradúan de nuestros cursos de entrenamiento. Cuando los nuevos miembros ven que a otros se les ha reconocido el hecho de haber estudiado con fidelidad todo un curso, también anhelan recibir este reconocimiento.

Cuarto paso. Hay que alabarlos. La vida ordinaria le brinda pocos elogios a la persona común y corriente. Todos queremos que otros piensen que hemos hecho algo de valor. Esto aumenta el sentido que tenemos de nuestro propio valor y mejora la imagen que tenemos de nosotros mismos. Todos podemos hallar algo que criticar en las personas que conocemos; pero por la misma razón, todos tenemos algo digno de alabanza. El refuerzo positivo resultará eficaz, bien se use con la camarera del restaurante o con los miembros de su iglesia. Si yo felicito a todos los nuevos miembros que han entrado en la clase de entrenamiento descubro que hay muchos más que quieren entrar en el curso.

Ahora, cuando los nuevos miembros desean ser preparados, tengo un programa listo para satisfacer su necesidad. Tenemos dos institutos bíblicos. Uno es para el laicado, y el otro para los que son llamados a dedicarse por completo al ministerio. Por ahora me concentraré en lo relativo al instituto bíblico que tenemos para el laicado.

Nuestros cursos están claramente definidos. Nuestros objetivos, claramente establecidos. Anticipamos los resultados con claridad. Todo nuevo convertido necesita saber qué es lo que cree y por qué lo cree. Su experiencia inicial de conversión no le será suficiente cuando soplen sobre su vida los vientos de las pruebas. El nuevo convertido tiene que estar bien basado en las Escrituras. Sin embargo, tenemos que tener siempre en mente que no estamos preparando a un pastor sino a un laico con el propósito de convertirlo en un testigo eficiente del Evangelio de Jesucristo. Por tanto, su preparación ha de ser muy práctica. No le vamos a enseñar mucha teología. Tenemos que recordar que un comerciante tiene la responsabilidad de ganarse la vida de él y su familia en el mundo de los negocios. Si ha de tener éxito en su negocio tiene que concentrarse en el campo de trabajo que ha escogido. Tampoco podrá explicarles la teología a sus compañeros de trabajo. El tiene que presentarles a Cristo de una manera que ellos puedan entender.

Al que está recibiendo esta preparación se le da también entrenamiento práctico en la evangelización. Tiene que aprender a dar el testimonio de Cristo de manera adecuada. El solo hecho de que un nuevo convertido esté motivado y sea sincero no significa que sepa dar el testimonio de manera eficaz. También hay que darle las claves bíblicas sobre la manera de poner en práctica con éxito la vida cristiana. Tiene que aprender que dar es importante. Al aprender a dar traerá las bendiciones de Dios sobre su vida material. Alguien me dijo una vez: "Yo nunca doy para recibir." Sin embargo, no podemos ser más morales que Dios. Dios nos dice que debemos dar para recibir. De hecho, nos dice que la razón por la cual no tenemos es porque no damos ni pedimos. Tan pronto como el nuevo convertido ha terminado su curso de estudios — que por lo general dura dos años — está listo para enseñar en un grupo hogareño.

Nada que yo diga bastaría para recalcar la importancia de que los miembros de la iglesia se conviertan en una extensión del ministerio propio del pastor. Estos constituyen la clave para que sus horas de servicio potencial aumenten de diez o catorce horas por día a un incontable número de horas. Ellos son los medios por los cuales usted como pastor puede estar en muchos lugares al mismo tiempo. He descubierto, por tanto, el secreto de la ubicuidad. Yo estoy en toda Corea todos los días por medio de los miembros de mi iglesia que han sido entrenados fielmente.

El apóstol Pablo dijo que el principal propósito del ministerio es preparar a los santos para que ellos ministren. Si usted no obedece esta admonición del Espíritu Santo, su iglesia no crecerá hasta desarrollar toda su potencialidad. Dios no dejó que el ministerio laico quedara a discreción de los creyentes. El espera que los miembros de la iglesia sean testigos activos del Evangelio de Jesucristo. La próxima vez que usted hable a su gente, écheles una mirada. Mire sus rostros. Fíjese en sus ojos. Ahí, en su congregación, está el mayor recurso para el ministerio. Amelos, aliméntelos, pero no se olvide de prepararlos.

¿Está usted tan dedicado a los laicos como espera que ellos estén dedicados a usted?

Uno de los problemas que los miembros de nuestras iglesias pudieran tener es el hecho de sentirse inseguros. Usted como líder ha sido colocado ante ellos como un padre. Ellos tienen que respetarlo y estar dispuestos a seguir no sólo sus palabras sino sus hechos. Si los laicos sienten que su iglesia es sólo un punto de parada para usted en su búsqueda de una iglesia más grande o mejor en alguna otra parte, no sentirán la seguridad necesaria para el continuo crecimiento de la iglesia. En este momento necesito hacerle una pregunta muy importante. ¿Está usted dispuesto a pasar los próximos diez años dirigiendo el mismo rebaño al frente del cual está actualmente? A menos que su respuesta sea un sí incondicional, su gente ya la sabe por intuición.

Usted nunca tendrá un crecimiento de la iglesia dinámico, a menos que esté dispuesto a dedicar su vida y su futuro a la gente que pastorea. El crecimiento de la iglesia exigirá que su gente lo siga a usted hacia una visión fresca y nueva. Pero la gente no seguirá un plan si piensa que éste va a ser cambiado. La manera de desarrollar seguridad en los corazones de los laicos consiste en asegurarles que uno está allí para siempre. Claro que usted está dispuesto a obedecer al Espíritu Santo — si El decide quitarlo de ese lugar — pero personalmente usted está dedicado a su gente y no desea ir a ninguna otra parte.

Más adelante presentaré las claves de la adecuada planificación para el crecimiento de la iglesia; pero en este momento es necesario considerar este importante asunto desde el punto de vista del laico. Nunca puede haber más de una visión en una iglesia. Si usted es el líder, la visión tiene que provenir de usted. Ya escribí lo concerniente a la manera de obtener una nueva visión del Espíritu Santo, pero aquí tengo que poner hincapié en que esta visión tiene que ser comunicada de manera clara a los miembros de la iglesia. Cuando el Espíritu Santo me dio por primera vez la visión de tner 200.000 miembros en mi iglesia para 1982, medité mucho en esa meta. Era mi meta; fue una meta colocada delante de mí por el Espíritu Santo. Pero esa meta fue el resultado de mi comunión con el Espíritu Santo.

Basado en esta meta, establecí un plan de cinco años. También hicimos un presupuesto de nuestros ingresos para lograr dicho fin. Luego comuniqué la visión, la meta, y el plan a mi gente. Presenté el mensaje de la Palabra de Dios con el propósito de motivar mucho más a mi gente para lograr nuestra meta. Por tanto, mi ministerio los domingos fue planificado con un propósito específico. Mi pueblo sabía a dónde íbamos, por qué íbamos, y cómo llegaríamos allí. Para lograr este sentido de dirección, he aprendido a predicar cada domingo sobre un tema de particular importancia que motive a nuestra gente a continuar trabajando, orando, y dando con el fin de lograr nuestro propósito definido.

Otra práctica que desarrolla la confianza en el corazón de los laicos es la sinceridad. Si yo cometo un error, lo confieso ante la congregación. Nunca escondo un error que pudiera haber cometido. El hecho de decir la verdad a mi gente — si me perjudica o si no —, hace que ellos crean lo que yo les digo. No hay nada que destruya la credibilidad que usted tiene ante su congregación como el hecho de exagerar o decir algo que no sea cierto. Cuando comencé a confesar ante mi congregación, morí interiormente. Mi pensamiento natural me decía que mi pueblo ya no me respetaría más. Así que por causa de ellos mismos, yo debía cubrir mi falta. Pero después de muchos años de decirles la verdad, su amor hacia mí es más fuerte que nunca antes. Ya no piensan que soy perfecto, pero saben que soy sincero.

Recibo mucho dinero al viajar por todo el mundo y predicar en grandes conferencias y campañas de evangelización. ¿Qué hacer con ese dinero? Si yo quisiera, pudiera vivir en una casa grande y bella con muchos sirvientes; podría tener un coche lujoso y vivir como un rey. Mi gente me amaría sin importarles la manera como viviera. Pero el deseo de mi corazón es dar. Cuando pienso que alguien tiene necesidad, doy de manera automática. El resto del dinero que recibo lo doy para nuestro ministerio internacional de extensión. ¿Por qué doy? Porque Dios ha puesto un deseo ardiente en mi corazón de dar.

Mi gente ve que yo doy, aunque raras veces hablo acerca de esto; y les sirve como ejemplo. De hecho, para mí es difícil decir algo en este libro sobre la cantidad que doy personalmente. Pero estoy dispuesto a no tener secretos si eso le ayudara a usted a tener éxito. Esto no significa que crea en la pobreza. Si no obtuviera dinero, no tendría nada para dar para la obra del Señor. Creo que Dios quiere que prosperemos en sentido espiritual, físico y financiero. Pero para ser bendecidos en el sentido monetario tenemos que aprender a dar. Cuando doy a Dios, El me da a mí con gran abundancia. Sin embargo, he decidido reinvertir esa abundancia en su obra. Puesto que mi esposa y yo hemos decidido vivir de una manera relativamente frugal — aunque cómoda — y no necesitamos gran cantidad de dinero para lograrlo.

Esta actitud ha producido dos resultados importantes. Como soy el pastor de la iglesia más grande del mundo, mi fama se ha publicado en todo el mundo.

Cuando viajo siempre hay reporteros que me entrevistan. Constantemente se escudriñan no sólo mis palabras sino también mis motivos y mis hechos. Por vivir de manera sencilla —aunque cómoda— mi vida personal no pone mis motivos en tela de juicio.

En segundo lugar, el sistema de impuestos en Corea es distinto al de los países occidentales. Los donativos que ofrecemos para la iglesia no están exentos de impuestos. Nuestra gente diezma, y no pueden incluir este dinero en los desgravámenes. ¿Cómo serían las ofrendas de su iglesia si en su país hubiera esta política de impuestos? Nuestra gente da porque ama a Dios. Sin embargo, nuestra gente da porque ve que yo les doy el ejemplo.

Por el hecho de que actualmente tenemos 330.000 miembros en mi iglesia, es imposible tener contacto personal con cada uno de ellos. Me gustaría tenerlo. Con gusto pondría mi vida por ellos. Ellos saben que esto es cierto. ¿Pero cómo manifiesto mi amor a nuestros laicos? En nuestra iglesia hemos desarrollado un sistema por medio del cual me pongo en contacto con cada uno de los 330.000 miembros. Puedo visitar a cualquiera de ellos cuando tienen alguna necesidad personal. ¿Cómo es esto posible? La respuesta es sencilla: el sistema de grupos hogareños.

3
EL CRECIMIENTO DE LA IGLESIA
Y EL SISTEMA DE GRUPOS HOGAREÑOS

Un pastor de los Estados Unidos me preguntó hace poco: "Doctor Cho, nosotros probamos en nuestra iglesia el sistema de grupos hogareños y no funcionó. Según su manera de pensar, ¿en qué nos equivocamos?" Al analizar el experimento que hizo su iglesia con el sistema que a mí me pareció esencial en el desarrollo de mi iglesia, descubrí que hubo varios desaciertos.

Problemas potenciales

Aunque este pastor había leído mi último libro, *Los grupos familiares y el crecimiento de la Iglesia,* él personalmente no había participado en las células. Este es un error fatal. El solo hecho de organizar un programa en su iglesia no asegurará su éxito continuo. Usted como pastor tiene que tomar parte activa y continua en la ejecución y motivación de tal plan.

En segundo lugar, él no esperó el tiempo suficiente como para que la verdad llegara a ser parte integral de la conciencia de su iglesia. Si usted está comenzando algo nuevo en la iglesia, no puede esperar que eche raíces inmediatamente. Primero tiene que sacar de la gente los conceptos erróneos, para que luego estén dispuestos a aceptar la nueva manera de hacer las cosas. Por tradición, la mayoría de las iglesias han considerado que la obra del ministerio le corresponde al pastor. Se le contrató para predicar, visitar a los enfermos y a los ancianos, para oficiar en bodas y funerales y para edificar a los miembros de la iglesia. ¿Por qué deben hacer los laicos — que están tan ocupados — la obra que le corresponde a usted? Por tanto, se necesitan meses y años de enseñanza y motivación para cambiar estos falsos conceptos que están arraigados en su iglesia.

En tercer lugar, muchos líderes establecen grupos hogareños en los hogares, para lo cual sencillamente extienden un mapa de la comunidad, escogen líderes para cada área geográfica de ella, y luego les dicen a los líderes: "Den cultos en su hogar." Aunque los líderes de los grupos que se reúnen en los hogares obedezcan los deseos del pastor y comiencen a reunirse en el hogar señalado ¿qué clase de reuniones se llevan a cabo? Muy a a menudo los cultos en los hogares se convierten sencillamente en otros servicios de la iglesia. Puesto que la mayoría de las personas que acuden a este tipo de reunión ya son miembros de la iglesia, ¿por qué deben asistir a otro servicio de la iglesia?

Cinco preguntas

Los problemas que acabo de enumerar son sólo algunos de los que se le presentan al pastor que desea desarrollar el sistema de grupos hogareños en su iglesia. Estoy seguro de que hay muchas otras preguntas que usted se está haciendo en este momento. Por tanto, dedicaré este capítulo a contestar cinco importantes preguntas: 1) ¿Qué es un grupo hogareño? 2) ¿Cómo funciona un grupo hogareño? 3) ¿Cómo se organiza un grupo hogareño? 4) ¿Cómo se escogen los líderes para los grupos hogareños? 5) ¿Qué le sucede a un grupo hogareño cuando se vuelve demasiado grande?

En estas cinco preguntas están incorporadas muchas otras. Aunque no puedo contestar todas las preguntas que pueda haber en su mente en este momento, creo que las respuestas que dé a las cinco preguntas que he escogido darán respuesta de manera general a la mayoría de sus preguntas, si no a todas.

Antes de contestar las cinco preguntas, quiero decirle a usted por qué respaldo vigorosamente el sistema de grupos hogareños. En Corea, nosotros vivimos sólo a 48 kilómetros de los comunistas, quienes ocupan la parte norte del país. La última vez que los comunistas invadieron a Corea del Sur, fueron crueles con las iglesias, y especialmente con sus líderes. Cuando yo regreso a mi hogar procedente de un viaje por el Oeste, puedo sentir la tensión en el aire. Esta gente impía sólo está esperando la oportunidad para atacarnos. Los soviéticos los han equipado con las armas más modernas, y ellos creen que pueden unir a Corea bajo el imperio del comunismo. Por tanto, nosotros guardamos los libros de registro de todos nuestros miembros en un lugar seguro. Le doy instrucciones claras a mi personal. Si atacaran los comunistas todos los libros de registro deberán ser destruidos de inmediato.

Los comunistas podrán hallarnos a nosotros los líderes y matarnos; pero nunca podrán destruir los 18.000 grupos hogareños que hemos desarrollado en nuestra iglesia. Podrán destruir nuestros edificios; pero yo no considero que estos edificios son nuestra iglesia. No, la iglesia se reúne todos los días en las fábricas, en las escuelas, en las oficinas, en los hogares, en los restaurantes y en los edificios destinados a clubes. La iglesia sólo se reúne el domingo para celebrar lo que Dios ha hecho durante toda la semana, para adorar a nuestro Señor, y para oír el mensaje de la Palabra de Dios. Luego, no será fácil localizar a la verdadera iglesia y destruirla.

También he notado que algunas iglesias grandes se desarrollan en torno a un pastor fuerte. Siendo así, tan pronto como muere el pastor, o se muda, o baja en popularidad por cualquier razón, la iglesia se queda vacía. Mi iglesia no es la iglesia de Paul Yonggi Cho, aunque soy su pastor fundador. Mi iglesia pertenece al Señor Jesucristo y no puede centrarse en mi personalidad. Con el sistema de grupos hogareños, el ministerio real se realiza a nivel de grupo. Aunque la gente me tiene en alta estima y me son leales, pueden marchar sin mí.

Cuando viajo, insisto en llamar regularmente a mi esposa por teléfono. Yo solía disgustarme cuando ella me informaba: "Sí, todo marcha muy bien sin ti." Ahora comprendo que el hecho de que la iglesia continúa su extraordinario crecimiento si estoy o no estoy es un cumplido para mi ministerio. La realidad de que el programa de Dios puede seguir adelante sin usted puede ser muy devastadora para su ego. Por esta razón dediqué la primera parte de este libro a tratar lo referente a sus recursos personales. Mientras el orgullo y la ambición personal estén en el fondo del deseo que tiene usted de ver el crecimiento de su iglesia, no podrá producir un sistema de grupos hogareños que tenga éxito. Mientras usted se sienta amenazado por el éxito de alguno de sus asociados, su temor será tan grande que no podrá desarrollar un sistema adecuado para el crecimiento ilimitado de su iglesia.

¿Qué es un grupo hogareño?

Un grupo hogareño no es una reunión social,

aunque en los grupos hogareños la gente socializa. Un grupo hogareño no es un culto de hogar, ni una reunión de la iglesia en una casa, aunque los grupos hogareños pueden reunirse en los hogares. No es un centro de caridad, aunque los grupos hogareños pueden realizar actos caritativos. Un grupo hogareño no es una vigilia de oración toda la noche, aunque muchos de nuestros grupos hogareños pueden orar la noche entera. Un grupo hogareño no es otro culto de la iglesia, aunque puede haber cantos, oración, y mensaje en la mayoría de nuestras reuniones de grupos hogareños. Entonces, ¿qué es un grupo hogareño?

Un grupo hogareño es el elemento básico de nuestra iglesia. No es otro programa de la iglesia; es el programa de nuestra iglesia. Tiene un tamaño limitado, que por lo general no pasa de quince familias. Tiene una meta definida, establecida por mis pastores asociados conjuntamente conmigo. Hay un plan definido que se le da por escrito a cada grupo hogareño. Tiene líderes definidos, preparados en nuestro instituto bíblico. Tiene un grupo homogéneo de miembros, es decir, las personas que lo componen son de antecedentes similares.

Ya que usted ha perseverado hasta este momento en la lectura de este libro, supongo que es un líder de la iglesia que está genuinamente interesado en su crecimiento. También creo que ya usted ha pensado con oración en lo que he dicho y está dispuesto a permitir que el Espíritu Santo haga los ajustes necesarios en su corazón para que en su propia iglesia se produzca un crecimiento dinámico y continuo. Esto lo digo por el hecho de que los principales detalles de los capítulos siguientes habrán de referirse esencialmente a las técnicas. Si usted abrió el libro en este capítulo, y no ha leído con oración lo anteriormente escrito, entonces las técnicas que ofreceré ahora no serán eficaces en su iglesia.

El sistema de grupos hogareños desarrollado en mi iglesia fue un fenómeno lento, difícil, y progresivo. Me hubiera gustado leer un libro como este, pues eso me hubiera ayudado a evitar los errores que cometí. Sin embargo, por medio de todos mis errores aprendí que si mi iglesia había de crecer mucho más allá de las limitaciones de mi capacidad y mi ministerio, el sistema de células tendría que llegar a ser el principal programa de nuestra iglesia. Para que el sistema de grupos hogareños tenga éxito en su iglesia, no puede ser simplemente una cosa nueva que usted prueba antes de probar otra. Tan pronto como usted haya determinado en su corazón que el sistema de grupos es la voluntad de Dios para usted y para su iglesia, tiene que estar dispuesto a invertir la paciencia, el tiempo, y los recursos necesarios para que crezca.

En nuestro primer experimento con el sistema de grupos hogareños, tratamos de lograr que todos los hombres sobresalientes — mayormente los diáconos — comenzaran a tener reuniones en sus propios hogares. Como lo dije en mi último libro, *Los grupos familiares y el crecimiento de la Iglesia,* descubrimos que esto no funcionaba. En primer lugar, muchos de estos hombres estaban ocupados en sus propios asuntos y algunas veces llegaban tarde a su casa por la noche. Ya no tenían energía para aceptar otra responsabilidad. En segundo lugar, nuestros hombres — por ser muy prácticos y lógicos — pensaron que tendríamos que probar el sistema poco a poco, antes de entregarnos a algo demasiado amplio y novedoso.

Aunque no estuve en desacuerdo con la lógica de ellos, sabía que yo había oído al Espíritu Santo y tenía que obedecer. Si usted sabe la historia, recordará que este nuevo sistema me fue indicado en un tiempo de mi ministerio en el que me encontraba en gran necesidad física. Me hallaba agotado a causa de que trataba de hacerlo todo en mi iglesia que iba creciendo. En ese tiempo, nuestra iglesia tenía menos de 3.000 miembros. Si Dios no me hubiera hablado de una manera fuerte en esa época yo no estaría vivo hoy. Esta es la razón por la cual es muy importante oír la voz de Dios en cuanto a una visión nueva y fresca para la iglesia. A menos que el Espíritu Santo le haya dado a usted una visión, no podrá perseverar a través de todos los obstáculos.

Luego Dios me indicó que debíamos nombrar a las mujeres como líderes de los grupos hogareños. Esto era completamente revolucionario para nosotros, no sólo por cuanto éramos cristianos moderados que creíamos en la Biblia, sino por el hecho de ser coreanos. En Corea — como en la mayor parte de los países del Oriente — el liderazgo es asunto de hombres. El papel tradicional de las mujeres era el de casarse, tener hijos, y mantener un hogar bueno y feliz. El marido es el que provee y el que domina por completo sus negocios y la vida del hogar. Aunque ahora vemos que las cosas están cambiando en Corea, nuestra cultura está aún orientada hacia el predominio del hombre. Así que el hecho de dar posiciones de responsabilidad y autoridad a las mujeres en la iglesia fue más revolucionario que el propio establecimiento del sistema de grupos hogareños.

El primer problema que se me presentó para poder nombrar mujeres fue de tipo teológico. Pablo dijo: ". . . vuestras mujeres callen en las congregaciones" (1 Corintios 14:34). Pablo sigue el mismo tema en su admonición a Timoteo (1 Timoteo 2:11, 12). Sin embargo, cuando Pedro predicó en Pentecostés, dijo: "Mas esto es lo dicho por el profeta Joel:

Y en los postreros días, dice Dios,

Derramaré de mi Espíritu sobre toda carne,
Y vuestros hijos y vuestras hijas profetizarán;
Vuestros jóvenes verán visiones,
Y vuestros ancianos soñarán sueños;
Y de cierto sobre mis siervos y sobre mis siervas
en aquellos días
Derramaré de mi Espíritu y profetizarán (Hechos
2:16-18)

La promesa de que el Espíritu Santo daría la capacidad para profetizar no se hizo sólo a los hombres, sino también a las mujeres. Estas mujeres tendrían que profetizar en alguna parte y a alguien; no podrían profetizarse a ellas mismas. Pablo les habla a los romanos acerca de Febe, y a ella le aplica la palabra que en la mayoría de las versiones se tradujo *diaconisa*. El también le dice a Tito que las mujeres ancianas deben enseñar a las jóvenes con respecto a las responsabilidades prácticas de la vida cristiana.

También noté que las mujeres eran más leales y fieles que los hombres en el ministerio de Jesús. Jesús apareció primeramente a María Magdalena y la comisionó para dar las buenas nuevas de la resurrección a los demás discípulos que estaban escondidos. Al continuar orando y estudiando, llegué a la conclusión de que a una mujer se le podía encomendar un ministerio, mientras ella permaneciera bajo la autoridad de la iglesia. Ella no podría enseñar su propia doctrina, pero sí podría dar testimonio y ministrar la mía. Por tanto, decidí nombrar mujeres como líderes de los grupos hogareños de mi iglesia. Tan pronto como las mujeres comenzaron a servir en este sentido, y hubimos vencido todos los obstáculos que se interpusieron — tal como lo refiero en mi libro *Los grupos familiares y el crecimiento de la Iglesia* — los hombres de la iglesia se volvieron mucho más cooperadores. Durante todos los años en que he estado enseñando el sistema de grupos hogareños, he descubierto que mis asociadas han sido leales y dignas de confianza. No se han rebelado llevando a cabo sus propios planes sino que han trabajado arduamente.

Así que yo doy este consejo: "No tenga temor de nombrar mujeres."

Nosotros tenemos muchos grupos hogareños de diversos tipos. He descubierto que hay un principio sociológico básico que tiene que mantenerse a fin de que los grupos hogareños tengan éxito. Este principio es la homogeneidad.

Mi buen amigo Peter Wagner — una de las principales autoridades sobre crecimiento de la iglesia — escribió un libro titulado *Our Kind of People* (Nuestra clase de gente). Allí el ofrece un estudio sobre el tema de los grupos homogéneos, los cuales le llevan ventaja a los grupos heterogéneos en los Estados Unidos. Cuando hablamos de homogeneidad entre varios elementos queremos decir que son semejantes o similares en cuanto a clase. La teoría básica de Wagner es que las iglesias crecerán si sirven a grupos similares de personas. Aunque el doctor Wagner presente un buen argumento en su libro, yo encuentro que aquí en Corea no tenemos los mismos problemas sociales que ellos tienen en los Estados Unidos. Este último país se está convirtiendo rápidamente en una sociedad compuesta de muchas razas y de muchos troncos étnicos. Han llegado allí inmigrantes de todas partes del mundo, los cuales han llevado consigo sus propias culturas autóctonas.

En Corea hemos tenido una básica identidad cultural durante cinco mil años. Por tanto, todos nosotros somos coreanos de raza, lengua, e identidad cultural. Sin embargo, aun se mantiene el mismo principio básico de la homogeneidad. Nuestra cultura nacional se divide más bien en los aspectos de educación y profesión. Por tanto, los médicos, los profesores universitarios, y otros profesionales tendrán más elementos en común entre sí que los que pudieran tener con los trabajadores de las fábricas y las camareras. Las amas de casa tendrán más en común con otras amas de casa que con maestros del sexo opuesto. Descubrimos que los grupos celulares basados en el principio de homogeneidad tenían más éxito que los grupos que esencialmente se formaban atendiendo al área geográfica en que estaban ubicados.

Si el señor Chung, banquero, está encargado de la reunión de un grupo homogéneo, su grupo estará compuesto principalmente por personas del mundo de las finanzas. Su reunión de grupo de una hora tal vez se realice en un restaurante local. Este almuerzo se parecerá mucho a un almuerzo de negocios. Los miembros de este grupo tienen una meta clara: la salvación de dos almas por año. Y, por supuesto, ellos saben que si logran que dos jefes de familia acepten a Cristo como su Salvador, las familias de ellos también llegarán a ser miembros de la familia de Dios. Después de compartir entre ellos lo que Dios ha estado haciendo en sus vidas y en las de sus familias, tal vez quieran dedicar algún tiempo a orar por necesidades específicas. Sin embargo, antes que termine la hora, ellos discutirán sobre algún convertido en potencia. Tal vez sea otro miembro del mundo financiero que tenga un gran problema. Si ese hombre que tiene tal necesidad ha de responder al evangelio, lo hará durante un tiempo en que necesite más ayuda que la que pueden ofrecerle su familia y su propia religión.

A este individuo que pudiera convertirse se lo invita a la reunión. Notemos dos hechos con respecto a esta invitación: 1) Es invitado a un lugar donde no se sienta amenazado. Tal vez nunca hubiera aceptado una invitación para asistir a mi iglesia, ni a ninguna otra iglesia. Pero un restaurante local no le hará sentir temor ni desconfianza. 2) Es invitado por personas con las cuales puede relacionarse. Si fuera invitado a reunirse con un grupo heterogéneo, pudiera sentirse totalmente fuera de lugar. Pudiera preguntarse quiénes son estas personas y si están en el mismo nivel de él. Pero él conoce por lo menos a una persona que participa en el almuerzo, y se sentirá complacido al saber que los demás que está conociendo tienen algo en común con él. Todos hablan la misma jerga.

Los hombres del grupo tratarán de ayudar al individuo que pudiera convertirse (llamémoslo el señor Lee). Al señor Lee no se lo bombardea de inmediato con el evangelio, sino que se le demuestra amor e interés por su persona. Esto es el evangelio en acción. No sólo el señor Chung ayuda al señor Lee, sino que todos los demás miembros del grupo homogéneo llaman y tratan de ayudarlo. Pronto estará el señor Lee dispuesto a oír el mensaje de Jesucristo. El y su familia querrán unirse a nuestra iglesia, por cuanto ya se ha unido a la familia de Dios. La señora de Lee querrá unirse a uno de nuestros grupos hogareños que se encarga de las esposas de los hombres del grupo homogéneo. Ellos pudieran haber participado en cultos familiares en los hogares. Pero lo cierto es que entre ellos se desarrolla un vínculo estrecho a través de los años, a medida que todos ellos sienten que son parte los unos de los otros. Ahora, cuando el señor Lee ha sido recibido como miembro del grupo homogéneo, todos pueden orar con respecto a la siguiente persona que debe ser invitada.

Ya dije que la meta es ganar a dos hombres cada año. Esto no significa que no pueden ganar más sino que se les da una meta clara hacia la cual deben marchar. Si ganan cuatro hombres en un año, han duplicado la meta y por ello se sienten muy orgullosos.

Si lo que acabo de explicar le parece a usted demasiado mecánico, tengo que hacerle una pregunta: ¿Piensa usted que es importante salvar almas? Si usted responde que sí, entonces el sistema de grupos homogéneos es para usted. He descubierto que los grupos que se forman basados sólo en consideraciones geográficas tienden a reunir gente que tienen muy poco en común. Esto es lo que nosotros llamamos grupos heterogéneos. De este modo, se gastará tanto tiempo y energía tratando de desarrollar el sentimiento de unidad, que no será eficaz el propósito principal, que es el de alcanzar a los perdidos y apacentar las ovejas.

Sin embargo, tenemos que recordar que el principio que acabo de explicar se usa para el desarrollo de nuestro sistema de grupos, no para el desarrollo de toda la iglesia. En nuestra iglesia no establecemos diferencias entre los ricos y los pobres, los de la alta sociedad y los de la clase marginal, los bien educados y los no educados. Todos somos uno en el cuerpo de Cristo. Pero en el desarrollo de nuestro sistema de grupos hogareños (y homogéneos) tratamos de usar este principio natural para favorecer un eficaz alcance de las almas perdidas para el Señor Jesucristo.

Donald A. McGavran, a quien se le ha dado el nombre de padre del movimiento moderno de crecimiento de la iglesia, en su libro *Understanding Church Growth* (Comprensión del crecimiento de la iglesia), dice: "A los hombres y a las mujeres les gusta en realidad llegar a ser cristianos sin cruzar barreras" (pág. 227). Este experimentado y erudito misionero presenta muchos ejemplos del funcionamiento del principio de la homogeneidad, los cuales ha tomado de su investigación por todo el mundo.

El ejemplo más claro de este principio puede hallarse en el Nuevo Testamento. La iglesia original comenzó como un movimiento judío. Miles de judíos aceptaron a Jesucristo como su Mesías. La iglesia primitiva se reunía con regularidad en el templo y en las sinagogas, y observaba las fiestas judías. Mientras que convertirse en cristiano no significaba dejar de ser judío, la iglesia se desarrolló dentro de la comunidad judía.

Cuando Pedro predicó el evangelio a la familia de Cornelio, los gentiles fueron aceptados por primera vez como miembro de la familia de Jehová. Por esta razón, a Pedro le hicieron pasar un mal rato y tuvo que defenderse. Después de todo, ¿Dios no llenó a estos italianos con el Espíritu Santo? ¿Por qué Pedro debía negarles el bautismo si con toda evidencia Dios los había escogido?

Tan pronto como Pablo comenzó a predicar el evangelio a la comunidad gentil, los judíos reaccionaron con violencia. Después, cuando Pablo afirmó que los gentiles no eran menos cristianos si no seguían los rituales y costumbres judías, los judíos empezaron a darse cuenta de que al convertirse en cristianos pudieran no ser aceptados como judíos. La iglesia fue esencialmente judía hasta aquel día. Estoy agradecido a Dios por permitir que el evangelio se predicara fuera de la comunidad judía porque de lo contrario yo nunca habría sido aceptado. Pero no es menos cierto el principio de que las personas aceptarán el evangelio si no sienten que tienen que ser algo menos de lo que ya son por naturaleza.

Creo que en Corea hemos aplicado este principio dentro del contexto del sistema de grupos hogareños. Por tanto, nuestros grupos se especializan en alcanzar a la gente de diferentes grupos homogéneos, y lo hacen con eficacia.

Por cada treinta grupos de nuestra iglesia tenemos un pastor dotado con una licencia ministerial. Nuestros grupos están también distribuidos en doce distritos. Cada distrito está dirigido por un pastor ordenado. Si usted visita alguna vez nuestra iglesia, con motivo de los seminarios que tenemos una vez por año para personas de habla inglesa, tal vez quiera echarle una mirada a nuestras oficinas. Cada distrito tiene mapas y diagramas en las paredes de su oficina. De hecho, aquello parece un cuarto de estrategia militar. Cada líder de distrito hace su trabajo con completa seriedad. Nosotros estamos librando una guerra. El enemigo es el diablo. El campo de batalla está en los corazones de la humanidad perdida. El objetivo consiste en lograr que sean salvas tantas almas como sea posible antes de que venga Jesús.

Uno de los problemas que tenemos en Seúl, Corea, en lo que se refiere a la predicación del evangelio, es el de poder llegar a los edificios de muchos pisos que tienen distintas medidas de seguridad. Sin embargo, una de las líderes de un grupo femenino resolvió este problema. Ella alquiló un apartamento en uno de los edificios más difíciles de evangelizar. Luego trasladó su ministerio al ascensor. Ella entra en el ascensor, para subir o bajar, en busca de oportunidades para servir a sus vecinos. Un día entró en el ascensor una señora con un niño pequeño y algunos víveres y comestibles. La sierva de Dios le ofreció ayuda. Tan pronto como llegaron al apartamento, nuestra hermana en Cristo invitó a la señora a subir a su apartamento y tomar una taza de té con ella. Al día siguiente, mientras tomaban el té, la cristiana le dio el testimonio de Jesucristo a su amiga. Estas pequeñas reuniones a la hora del té continuaron hasta que unas pocas semanas después la amiga de nuestra hermana aceptó a Jesucristo como su Salvador personal.

Pronto la nueva convertida se hizo cómplice del ministerio en el ascensor. Ahora la mayoría de los residentes en ese edificio son cristianos consagrados al Señor. En ese mismo edificio se reúnen todas las semanas varios grupos hogareños.

En la explosión urbana de hoy, la evangelización puede conquistar aun los edificios más altos. Hace varios años tuvimos un creciente problema laboral en Corea. Desafortunadamente, un grupo que afirmaba ser una organización cristiana, fue el que incitó a los trabajadores a rebelarse contra los patronos y declarar la huelga. El blanco de ellos era una de nuestras más grandes fábricas de confites. Tenían el secreto intento de hacer cerrar la fábrica. El propietario de la corporación me llamó por teléfono y me preguntó si yo le podía ayudar a evitar que su compañía fuera cerrada. Acepté, y prediqué varios mensajes de evangelización durante el tiempo de trabajo en la compañía. Varios de los líderes huelguistas pasaron adelante para aceptar a Jesucristo como su Salvador. Confesaron sus pecados y experimentaron una transformación total en sus vidas.

Pronto se estableció en esa compañía una reunión de grupo durante la hora de almuerzo. Muchos compañeros de trabajo fueron salvos. Después que esta reunión de grupo llegó aproximadamente a cincuenta personas, se dividió en dos. En corto tiempo se hicieron obvios los resultados en la productividad de la empresa. El propietario de la compañía notó que los cristianos eran trabajadores más productivos y fieles; así que decidió estudiar un poco más esta religión. Después de varios meses, el mismo propietario — que era budista — aceptó a Jesucristo como Salvador y Señor.

Como tenemos 18.000 grupos hogareños (y homogéneos) en nuestra iglesia, hay 18.000 historias que pudieran contarse. Sin embargo, es suficiente decir que tan pronto como se pone en marcha este sistema en una iglesia el crecimiento no tiene límites.

¿Cómo funciona un grupo homogéneo?

No hay una sola manera de formar un grupo homogéneo. Puede formarse en un aula en el tiempo cuando no haya clases. Puede formarse en un hotel, en el mercado o en un edificio de muchos pisos. Sin embargo, cada grupo tiene un líder. Dicho líder ha pasado por un programa determinado de entrenamiento. También es responsable de escoger a un líder del grupo que sirva como su ayudante, de modo que cuando el grupo llegue a ser demasiado grande el segundo grupo que se forme tenga un líder preparado listo para entrar en acción. El grupo homogéneo tiene también un tesorero.

Ya que hemos aprendido por medio de nuestros errores, debo contar la experiencia que tuvimos en relación con la recogida de dinero durante las reuniones de los grupos hogareños. Tan pronto como un grupo ha estado reuniéndose durante algún tiempo, se desarrolla un sentimiento familiar en cada miembro del grupo. Sin embargo, poco después de haber puesto en marcha este sistema en nuestra iglesia, notamos que se estaba originando un problema. El líder de un grupo comenzó a prestar dinero a otros miembros del mismo grupo, sin llevar ninguna cuenta y sin que lo supieran los demás. Después que se descubrió el problema, comprendimos que esto podría volver a ocurrir. Así que nombramos tesoreros para cada grupo. El tesorero ofrece un informe del dinero recibido en el grupo, y de la manera como ha sido distribuido. Si hay alguna necesidad económica dentro del grupo, se entrega dinero al miembro que tenga la necesidad hasta que éste se recupere. Sin embargo, se lleva un registro de los asuntos financieros que está abierto para que lo revise cualquier miembro del mismo grupo. Esto evita cualquier posibilidad de desavenencia.

Un grupo hogareño no es un club social. En realidad, tuvimos que limitar las actividades sociales que podían realizarse dentro del grupo. Al principio hubo algunas familias que servían magníficas comidas cuando los miembros del grupo llegaban a visitarlas. Sin embargo, cuando eran invitados a otro hogar, la anfitriona trataba de superar la comida que se había servido en el hogar donde se habían reunido antes. Los pobres se sentían desanimados por cuanto no podían competir con los anfitriones más prósperos. Esta situación hubiera podido destruir todo el sistema si no la hubiéramos detenido. Ahora, los grupos que se reúnen durante la semana en varios hogares limitan la comida a elementos básicos: té y posiblemente algunas galletas.

La reunión del grupo también debe estar limitada en cuanto al tiempo. Cuando un grupo comienza, hay personas que quieren alargar la reunión. Algunos tienen preguntas importantes y otros piden oración especial por su propio problema. Sin embargo, si no se limita el tiempo, pronto las reuniones se harán demasiado largas y las personas que tengan que trabajar el día siguiente se mostrarán renuentes a asistir a la siguiente reunión. También es una buena filosofía hacer que la gente regrese al hogar cuando todavía tienen deseo de recibir más en la reunión. No olvide que una comida se recuerda más cuando uno no come demasiado del mejor manjar. En realidad, esta es también una buena práctica para los servicios en la iglesia.

¿Cómo escogeremos nuestros líderes?

El liderazgo es una cualidad inherente en algunas personalidades por naturaleza. Un buen pastor siempre mantendrá sus ojos abiertos en busca de personas que de manera natural atraigan a otros hacia sí mismos. Algunas veces las personas que tienen una habilidad natural para comunicarse con otras son líderes excelentes. Por lo general hallo que los que tienen cualidades de líderes sobresaldrán de modo natural. Mi trabajo consiste, por lo tanto, en dirigir esa cualidad de liderazgo hacia un servicio útil para toda la iglesia.

Nuestros líderes no sólo se preparan en nuestro instituto bíblico, sino que también se les motiva a usar toda su potencialidad en la obra de Dios. Esto se hace mediante el reconocimiento del buen servicio y un sistema de recompensas y certificados por los logros obtenidos.

Nunca será exagerado el hincapié que haga sobre la importancia de establecer una meta clara y un plan para cada líder. Una vez al año dirijo personalmente una convención para líderes de grupos. Durante ese tiempo importante en que estamos juntos, proyecto el plan que el Espíritu Santo me ha indicado como meta para cada grupo. Hace poco tuve que limitar el crecimiento de nuestros grupos hogareños (y homogéneos) porque las instalaciones de que disponemos estaban demasiado atestadas. Los domingos, el miembro promedio tiene que esperar por lo menos una hora en una larga cola, sólo con el fin de conseguir un lugar para sentarse en uno de nuestros siete servicios.

Los grupos hogareños (y homogéneos) tienen que concentrarse en el extendimiento

Vuelvo a recalcar la importancia de mantener los grupos hogareños (y homogéneos) como vehículos de extendimiento de la iglesia. Uno de los problemas que tiene un grupo de personas cuando se reúnen con regularidad es que su crecimiento es hacia adentro. En

Corea, como en la mayor parte de los países del mundo, la unidad básica de identidad es la familia. Un filósofo coreano dijo una vez al comparar la cultura occidental con la oriental: "En el Oeste, ustedes tienen espacios abiertos fuera de sus hogares, grandes prados y jardines, pero dentro de la casa tienen muchas puertas y paredes; en el Oriente, tenemos paredes fuera de nuestros hogares, pero pocas paredes y puertas adentro." La realidad histórica y sociológica de la superpoblación ha hecho que el asiático llegue a ser más contemplativo en su ser interior. Un asiático puede estar rodeado no sólo por sus familiares inmediatos, sino también por sus padres, sus tíos, sus tías y sus primos. Por eso es que muchos orientales viajan en grupos. Los coreanos no somos diferentes. Somos un pueblo social. Nuestras relaciones familiares son muy importantes.

Cuando alguien llega a ser parte de uno de nuestros grupos, pronto desarrolla un vínculo familiar con los demás miembros del grupo. En la familia, a ustedes les gusta estar juntos, y actúan de modo distinto cuando un visitante llega al hogar. Es difícil incorporar a los extraños en la unidad familiar. Lo mismo ocurre en el grupo homogéneo. Si un grupo se deja solo, se convertirá en una unidad familiar ampliada que no recibe el influjo de los extraños. Por esta razón tiene que recalcarse de manera continua el propósito del grupo homogéneo. El hecho de traer gente de afuera también hace que los miembros recién preparados del grupo tengan la oportunidad de enseñar a otra persona. Todos tienen que aprender en la práctica. Si usted enseña a alguien un versículo bíblico, este recordará mejor el versículo aplicándolo inmediatamente a su vida diaria.

Por naturaleza tenemos la tendencia de recordar aquellas cosas que creemos que son las más importantes. Así también ocurre en el grupo homogéneo. El nuevo miembro del grupo comienza a recibir preparación en relación con la teología y la metodología para ganar almas. Si no tiene a nadie a quien enseñar lo que está aprendiendo, no aprenderá con el mismo entusiasmo que tendría si tuviera a alguien a quien dar su conocimiento. Al introducir continuamente nuevos convertidos a los grupos, damos oportunidad para que los miembros más nuevos animen y enseñen a otros aun más nuevos que ellos.

Los grupos hogareños se convierten en medios para alcanzar a los creyentes desanimados o descontentos

Hay numerosas personas en una comunidad que han sido miembros de una iglesia, pero que actualmente no asisten a ninguna. Por alguna razón se unen a un número creciente de desertores cristianos que vemos por todo el mundo. La mayoría de los desertores cristianos que he conocido parecen tener historias similares. Aún creen en Jesucristo. Aún se consideran cristianos, pero se han desilusionado con la iglesia. Algunos de ellos pudieran haber formado parte de una iglesia dividida. Algunos pudieran haberse desilusionado con el pastor o con el liderazgo de la iglesia. Algunos pudieran haber caído en pecado y sienten vergüenza de regresar a la iglesia. Algunos pudieran haberse sentido desatendidos por el pastor que nunca los visitó. Cualquiera que sea la razón, lo cierto es que hay un gran grupo de personas que necesitan ser alcanzadas y tocadas por el Señor para que Él las sane y las traiga de vuelta al redil.

El líder de un grupo hogareño es un ganador de almas que está preparado. Conoce su ministerio y cree que Dios lo ha ungido para ser líder de un grupo. Sin embargo, también está preparado para aconsejar a otros. Esto es muy importante, pues un cristiano desertor no necesita que se lo trate como alguien que nunca ha oído el evangelio. Alguien debe oír la razón por la cual el desertor se siente herido. Repito, oír la razón por la cual se siente herido. Luego necesita que alguien le demuestre que la gracia de Dios es aplicable a cualquiera que lo invoque.

Pablo dice que somos aceptados en el amado. Somos aceptados en Jesucristo. No somos aceptados porque somos aceptables, sino porque estamos dentro de una relación de amor entre el Padre y el Hijo. Sin establecer juicio ni condena, el líder de la célula presenta por lo tanto al cristiano herido ante los demás miembros del grupo, los cuales también manifiestan un genuino interés. Tan pronto como el desertor cristiano siente que es amado y aceptado, está dispuesto a regresar a la iglesia. Es así como el grupo hogareño se convierte en una extensión de la iglesia personal e íntima, para los cristianos necesitados que no asisten a ninguna iglesia. Si alguien los invitara de inmediato a la iglesia, pudieran ser rechazados. Pero al invitarlos al ambiente no amenazador de un hogar o de un restaurante, se muestran más dispuestos a relatar sus historias. Algunas de estas historias son de veras tristes, pero todas tienen finales que pueden ser felices.

El líder de cada grupo sabe que no hay nada demasiado difícil para Dios. Dios puede perdonar y sanar todo corazón quebrantado que acuda a El con sinceridad. No sólo el pastor puede cumplir el ministerio de reconciliación. Con frecuencia lo cumple mejor un laico. El líder de un grupo, por ejemplo, tal vez no experimente el prejuicio que el cristiano herido siente contra todos los pastores. La persona herida puede pensar que todos los pastores son iguales. Pero un laico puede alcanzar a dicha persona.

Por lo tanto, en el sistema de grupos hogareños se puede llevar a cabo de manera eficaz, no sólo el ministerio de ganar almas, sino también el de sanar y el de hacer volver a los creyentes que no acuden a ninguna iglesia.

¿Qué ocurre cuando un grupo hogareño crece demasiado?

Si usted va a tener un problema, que se deba al éxito y no al fracaso. Siempre vemos grupos que, habiendo comenzado sólo con unas pocas personas, crecen demasiado en relación con las instalaciones en las cuales se reúnen, y con el propósito que debían cumplir. En ese caso el grupo se divide. Sin embargo, para algunas personas no es fácil esto. Como un grupo no sólo se ha desarrollado en tamaño, sino también en cuanto a lo espiritual, muchos de los miembros sienten familiaridad en el grupo. La manera de hacer una división con éxito consiste en mantener los líderes que ellos conocen. Recordemos que el antiguo líder del grupo había estado todo el tiempo preparando al nuevo líder con este propósito. Así que el nuevo líder no es un extraño. El grupo también se dividirá con éxito si continuamente se hace hincapié en el propósito por el cual se divide. Los grupos celulares existen para guiar con más eficacia a los pecadores hacia Cristo. Si el grupo llega a crecer demasiado, entonces hay un obstáculo natural que se ha creado, el cual impide que la gente llegue a conocer a Jesús. Tan pronto como la gente entiende este hecho importante, estarán dispuestos a dividirse.

Una vez que el grupo se ha dividido en dos partes, los líderes de ambos grupos se reúnen con regularidad para ver cómo marcha cada uno de ellos. Se mantienen en contacto personal con cada miembro. Si algún miembro está en el hospital, recibe visita. Si alguna persona tiene una necesidad personal, allí está presente el líder. De este modo se pastorea a cada persona de manera más personal que en la mayoría de las iglesias que sólo tienen unos centenares de miembros.

Después del servicio de adoración un domingo por la mañana, noté que había varios autobuses cargados de gente. Caminé hacia ellos y le hablé al líder.

— ¿De dónde son ustedes? — pregunté.

— ¡Oh, pastor Cho — me contestó el hombre con orgullo —, somos sus grupos hogareños de uno de los suburbios de Seúl!

Un joven había comenzado un grupo, y ahora había tantos que tenían que alquilar autobuses el domingo por la mañana para acudir todos a la iglesia. Yo nunca hubiera podido atender adecuadamente las necesidades de esa comunidad, que está a casi cincuenta kilómetros de distancia; pero nuestro sistema de grupos estaba allí, y estaba satisfaciendo las necesidades de manera eficaz.

Cuando enseño sobre el sistema de grupos hogareños (y homogéneos) en las conferencias sobre crecimiento de la iglesia, por lo general dibujo un triángulo sobre un pizarrón. Si se coloca el triángulo al revés y se coloca al pastor debajo del triángulo, se está demostrando la manera convencional como crecen la mayoría de las iglesias. Cuanto más grande sea la iglesia, tanto más peso cae sobre los hombros del pastor. Por esta razón muchos pastores están hoy desanimados y listos para abandonar el ministerio. Eso no significa que no fueron llamados por Dios al servicio, sino que están agotados por toda la responsabilidad que la iglesia ha colocado sobre ellos.

Sin embargo, al desarrollar el sistema de grupos, la iglesia puede crecer sin destruir a su líder. Esto lo indico colocando el triángulo en posición vertical. El pastor está ahora encima del triángulo. El tamaño de la iglesia no afecta el peso que se coloca sobre el pastor. El ha llegado a comprender que está allí ante todo para preparar y motivar a los laicos de su iglesia a fin de que hagan la obra del ministerio.

Estoy convencido de que usted no ha recibido todas las respuestas en este capítulo. Pero usted tiene el mismo Espíritu Santo que yo tengo. El mismo Espíritu que abrió mis ojos para que viera la realidad del sistema de grupos como el plan de Dios para producir el desarrollo de una nueva época de iglesias con un número extraordinario de miembros, puede dar a usted la respuesta específica que necesita, si acude a él con una actitud de fe y oración.

No permita usted que le estorbe el consejo de los que dicen: "Eso no puede funcionar en esta comunidad." Toda ciudad, no importa cuan grande o cuan pequeña sea, tiene una clave para el avivamiento. A medida que usted dedique tiempo al desarrollo de una íntima comunión con el Espíritu Santo, El le dará la clave para su comunidad. Dios no va a producir el crecimiento en su iglesia sin usarlo a usted. No vendrá por medio de ángeles. No descenderá del cielo como la lluvia. Tiene que comenzar en su corazón. El crecimiento no es sólo para Corea. Es para todas partes del mundo.

4
EL CRECIMIENTO
DE LA IGLESIA
Y LOS MEDIOS DE INFORMACION

Uno de los principales instrumentos para la evangelización que posee la iglesia hoy está constituido por los medios masivos de información. Este año nuestra iglesia está utilizando una parte considerable de su presupuesto para predicar el evangelio por radio y televisión. Todos los días puede oírse nuestro programa radial en todas partes de Corea. Una vez a la semana el programa de televisión de nuestra iglesia difunde el mensaje del evangelio de Jesucristo por toda Corea.

Libertad de los medios de información
Una de las libertades más importantes que disfrutamos en Corea es la libertad de predicar el evangelio a través de las ondas de la radio y la televisión públicas. Puesto que Corea ha seguido a los Estados Unidos de América en muchos de sus sistemas públicos, tenemos un Ministerio de Comunicaciones que regula nuestros medios públicos de información. Hasta ahora el gobierno ha sido justo en su actitud hacia los programas cristianos de radio y televisión. La única diferencia es que no tenemos estaciones de televisión que sean

puramente cristianas. Tenemos que recordar que todavía Corea no es un país totalmente cristiano. Más de la mitad de la población es aún budista. Sin embargo, estamos muy agradecidos a Dios por la oportunidad de predicar el evangelio con la libertad que disfrutamos. También oramos constantemente a Dios por la oportunidad de predicar el evangelio con la libertad que disfrutamos. También oramos constantemente a Dios para que continúe esta preciosa libertad.

Como viajo por todo el mundo, he notado que hay pocos países que tienen la oportunidad de usar las ondas de la radio y la televisión para la proclamación del evangelio de Jesucristo. Muchos pastores en Europa nos han pedido que oremos para que sus gobiernos cambien de actitud hacia la proclamación del mensaje religioso por televisión y radio. Debido a que en los Estados Unidos de América y en Corea podemos predicar el evangelio con tanta libertad, creo que la iglesia debe usar este importante instrumento para la difusión del evangelio.

El uso de la televisión

Los sociólogos y los sicólogos están de acuerdo en que la televisión es el principal y más efectivo medio de comunicación que existe hoy. Los maestros saben que lo que vemos afecta la retención de la información mucho más que lo que sólo oímos. Hallo que una manera de recordar algo que he oído es anotarlo. Una vez que mis ojos puedan representarse el asunto, lo puedo recordar. En efecto, leí un estudio que declaraba que más del 70 por ciento de lo que sabemos nos ha llegado por medios visuales. Es cierto el dicho "Un cuadro vale por mil palabras", si analizamos el efecto de la televisión sobre lo que percibimos como realidad. Desafortunadamente este enorme poder ha estado en las manos del mundo durante muchos años.

Hace poco leí en la revista *Time* un artículo que decía que el origen de la violencia en la sociedad norteamericana se podía atribuir de manera directa al surgimiento de la violencia en la televisión norteamericana. Al ver la televisión de todo el mundo occidental se hace evidente el uso del sexo como medio para vender los productos. Todo se vende, desde la ropa hasta la crema dental, por medio de una propaganda que tiene connotaciones sexuales. Las relaciones sexuales ilícitas y la violencia constituyen el mensaje subconsciente de la mayoría de los productos que se anuncian por televisión. La promoción de ventas de algunos productos por televisión se hace por medio del uso de cuadros y palabras que se muestran con tanta rapidez en la pantalla que apenas usted se da cuenta que los ha visto. Estas imágenes relámpagos de información hacen que la mente subconsciente reaccione ante los productos que usted ve en el anaquel de la tienda de comestibles local. Los canales de televisión norteamericanos cobran grandes cantidades de dinero por un espacio comercial de treinta segundos en los programas que tienen más público. En efecto, oí hace poco que un canal de televisión cobró un millón de dólares por un mensaje de treinta segundos durante un juego del *Superbowl* (Campeonato nacional de fútbol) en 1982. Si la televisión no fuera el mejor medio de comunicación, entonces el mundo financiero y comercial no gastaría tan grandes sumas de dinero para tratar de influir en la gente por ese medio.

¿Qué haría Jesús?

Creo con sinceridad que si Jesús estuviera en el mundo hoy, usaría la radio y la televisión para comunicar las buenas nuevas. Si observamos su ministerio, podemos ver claros ejemplos de que Cristo usó los mejores medios disponibles para que tanta gente como fuera posible escuchara sus palabras. Cuando habló y una multitud se reunió para oírlo, subió a la cumbre de la colina a fin de que más personas lo escucharan. Cuando Jesús estuvo junto al mar de Galilea, subió a una barca y la hizo retirar de la orilla para que las fuerzas reflectantes de las aguas aumentaran el volumen de su voz. Era evidente que Jesús estaba interesado en que todos lo oyeran hablar.

Jesús pudo haber comunicado el mensaje del reino de Dios en secreto. Pudo haber hablado a los discípulos y luego esperar que ellos llevaran el mensaje a los demás; pero su enseñanza era para todos los que tuvieran hambre de oír las palabras de vida. Millares de personas pudieron oírlo sin altavoz, porque Jesús sabía cómo colocarse para que lo oyeran las multitudes.

Cómo proclamar el mensaje por televisión

Tengo programas de televisión en Corea, Japón y los Estados Unidos de América. Mi programa coreano es diferente del americano. Hay que alcanzar a las distintas sociedades de diferentes maneras. No podemos esperar que otros se adapten a nosotros. Tenemos que estudiar e investigar sobre los telespectadores que queremos alcanzar con el mensaje antes de emprender un ministerio de televisión.

Cuando Dios me indicó que tenía que presentarme por televisión en los Estados Unidos de América, me quedé completamente asombrado. Esto ocurrió cuando me encontraba en Washington, D. C., hablando en la toma de posesión del presidente Reagan. El doctor Il Suk Cha, ex alcalde suplente de Seúl, ex profesor y hombre de negocios que ha tenido mucho éxito, me dijo que Dios le había hablado para que comenzara un programa de televisión en los Estados Unidos de

América. Al principio me opuse. Pensé: *¿Por qué debo venir con programas de televisión al país más evangelizado del mundo? Los Estados Unidos de América ya tienen magníficos predicadores para la televisión. Los estadounidenses jamás aceptarán que un oriental les enseñe en inglés.* Todas estas buenas y oportunas razones no satisficieron al Espíritu Santo, quien daba testimonio en mi corazón de que mi respetable amigo, el doctor Cha, realmente había oído la voz de Dios.

Entonces puse un gran obstáculo delante del Espíritu Santo. Dije a mi amigo: "Doctor Cha, si usted está dispuesto a ofrecer sus servicios voluntarios para este ministerio, lo haré." Le dije esto por cuanto sabía que un exitoso hombre de negocios nunca abandonaría sus negocios ni su alta posición social para trabajar en un programa de la televisión norteamericana sin recibir sueldo. Me asombré de nuevo cuando el doctor Cha me dijo: "Pastor, creo que el Espíritu Santo me dijo que sacrificara mi negocio por esta obra. Yo lo haré." Aunque el doctor Cha había recibido varios títulos de las universidades estadounidenses y amaba mucho a los Estados Unidos de América, nunca pensé que estuviera dispuesto a hacer los sacrificios personales que exigiría una aventura como ésta. De este modo, el principal obstáculo que yo había colocado delante del Espíritu Santo había sido quitado y sentía una profunda paz por el hecho de que Dios me estaba guiando hacia la televisión norteamericana.

Me gustaría usar esta experiencia que tuve al organizar un ministerio por televisión en los Estados Unidos de América como base para decirle a usted cuáles son los once pasos apropiados que son necesarios para tener un ministerio eficaz y exitoso por televisión.

Primer paso: Convénzase de que Dios lo ha dirigido

El uso de la televisión como medio para proclamar el evangelio no sólo es una empresa costosa, sino que también consume mucho tiempo. Si hubiera sabido con anticipación lo que costaría, tal vez pudiera no haber sido tan obediente al Espíritu Santo. Lo único que me ha mantenido en el ministerio por televisión es el seguro conocimiento de que Dios había dicho que lo hiciera.

Cuando uno entra en este ambiente penetra en el territorio de Satanás. A él se le llama "el príncipe de la potestad del aire". La palabra "aire", tomada del griego en su sentido literal, significa *atmósfera*. El hecho de usar las ondas aéreas significa que uno tiene que cruzar por el territorio de Satanás y que, por tanto, va a enfrentarse con una oposición extraordinaria.

Segundo paso: Decida a quién va a dirigir el mensaje

Esto es lo que se llama definir a los telespectadores que servirán de objetivo. Sin una meta clara, nada de lo que se haga tendrá éxito. Por tanto, al organizar un ministerio para la televisión, uno tiene que saber a quién se va a dirigir.

Por lo regular mi ministerio por televisión y radio está preparado para alcanzar a los perdidos con el mensaje del evangelio de Jesucristo. Sin embargo, en los Estados Unidos de América, el Espíritu Santo me indicó que debía dirigirme al pueblo de Dios con el mensaje del crecimiemto de la iglesia. Me mostró que la iglesia en los Estados Unidos era bendecida debido a que estaba dispuesta a dar dinero para el esparcimiento del evangelio de Jesucristo en todo el mundo. Sin embargo, las iglesias necesitaban alguien que las estimulara a orar y a confiar en Dios para crecer. También me indicó que muchos cristianos en los

Estados Unidos habían dado dinero en el pasado para que el evangelio fuera predicado, pero se habían decepcionado con el establecimiento de grandes y complicadas organizaciones que no tenían nada que ver con la predicación del evangelio.

El proyecto Montaña de Oración (ver la página 130) sería también una bendición para los cristianos norteamericanos que se habían sacrificado a lo largo de dos guerras para darnos la libertad. Debíamos orar por ellos. Hace unos cien años los misioneros estadounidenses habían traído a Corea el evangelio; ahora nosotros oraríamos por los norteamericanos. En mis viajes por el mundo entero he encontrado a muchos que no aprecian los sacrificios que hicieron los cristianos de Norteamérica y de Europa. Pero los cristianos coreanos estamos agradecidos a Dios por aquellos que estuvieron dispuestos a abandonar la comodidad de sus hogares para traernos las buenas noticias de que Jesús salva. Ahora la iglesia más grande del mundo no está en el Occidente, sino en un antiguo campo misionero. Por lo tanto, yo pediría a los hermanos de los Estados Unidos que nos enviaran sus peticiones, y nosotros oraríamos y ayunaríamos por aquello que se nos dijera en cada carta. Sí, Dios me indicó con claridad que mi misión en los Estados Unidos era con la iglesia.

Tercer paso: Desarrolle una programación que sea adecuada para su propio ministerio

Es importante que un ministro del evangelio sea siempre él mismo. Nunca trate de imitar a otro. Al principio de mi ministerio traté de predicar como Billy Graham. Me ponía de pie como el doctor Graham y sostenía la Biblia como él, y forzaba mi voz a un tono alto. Pero pronto descubrí que después de unos pocos minutos me cansaba. Después de orar, descubrí que

Billy Graham comía bistec, y yo sólo comía arroz y un aromático plato coreano preparado con repollo encurtido, pimientas y ajo, llamado *kimchee*. Ahora hablo de una manera que es mucho más natural para mí. Levanto la voz cuando quiero insistir en algo, pero la mayor parte del tiempo sólo hablo de manera muy natural y siempre de todo corazón.

Como viajo mucho para hablar en las Conferencias Internacionales sobre Crecimiento de la Iglesia, mi ministerio por televisión se desarrolló por lo regular como un programa de viajes. Cada semana llevo por televisión a mis amigos a diferentes partes del mundo donde pueden ver lo que Dios está haciendo. Por lo tanto, estos amigos pueden recibir la bendición de ver el mundo conmigo. Puesto que mi ministerio no es sólo inspiracional, sino también educativo, la forma que tomó el programa fue de tipo informativo. Hace poco, mostramos la revelación de Dios mediante el idioma chino. Dibujamos caracteres chinos y explicamos el evangelio de Jesucristo por medio de ellos. La cruz le fue profetizada al pueblo chino hace miles de años. Antes que los chinos se dedicaran a la idolatría, los antiguos padres estuvieron conscientes de que existía un Dios único e incomparable. Basado en estas ilustraciones que hicimos en Singapur, pude pasar los últimos diez minutos del programa enseñando un edificante mensaje de la Palabra de Dios.

La mayoría de las personas que me escriben son pastores y líderes de iglesias. Muchos hombres y mujeres que están desanimados me escriben porque saben que también soy pastor y los amo. Por medio del programa he recibido cartas que en realidad me han servido de bendición. "Mi iglesia estaba a punto de dividirse — me escribió un pastor desanimado —. Vi su programa en que usted habló acerca de recibir una nueva visión del Espíritu Santo, y pasé muchas horas en oración." A medida que leía lo que me decía el pastor, las lágrimas brotaban de mis ojos. "Ahora tengo una nueva unción para el ministerio que desempeño. Mi iglesia ya no está dividiéndose sino que veo el crecimiento por primera vez en muchos años. Gracias, doctor Cho, por su programa de televisión."

Cuarto paso: Aprenda a hablar a una persona
El problema que la mayoría de los predicadores tienen con la televisión es que no entienden este medio de información. La televisión es esencialmente un medio de comunicación personal. Llega a la gente, no en un teatro público, sino en la vida privada del hogar. Cuando uno se ha puesto las pantuflas y está descansando en el sofá no está dispuesto a que le griten. ¿Cómo reaccionaría usted si alguien tocara en la puerta, entrara en su sala de recibo, se sentara, lo mirara a usted y comenzara a gritar? Así es como se ven muchos predicadores que aparecen en la pantalla de televisión. Cuando miro el lente de la cámara, sólo pienso en una persona. Le hablo de todo corazón, precisamente como si estuviera en su sala de recibo, hablándole de corazón a corazón.

Quinto paso: Sea siempre sincero
La televisión tiene una facultad diferente del cine. La televisión penetra siempre a través de las acciones del que habla y revela su corazón. Capta toda mancha de insinceridad y nerviosismo. Si usted abre su corazón y comunica lo que Dios ha puesto allí con toda sinceridad, la gente lo sabrá por intuición.

Sexto paso: Delegue la responsabilidad a alguien que sea del mismo espíritu
El director de mi programa de televisión tiene un espíritu como el mío. Sabe lo que siento y, por lo

tanto, dirige el programa de una manera que refleja mis genuinos intereses. Es un experto en el campo de la televisión. Yo no lo soy. Soy un predicador a quien el Espíritu Santo le ha dado la responsabilidad de comunicar el evangelio por televisión. He aprendido a poner atención a su dirección y a cooperar. Algunas veces estoy muy cansado cuando estamos haciendo un programa. El pudiera decirme: "Doctor Cho, lo siento mucho, pero tenemos que volver a hacer esta parte. Hubo algo en la cinta que no salió bien, y temo que no salga en forma adecuada." Mi tendencia natural sería decir: "No, estoy cansado. No puedo volver a hacerlo." Pero he aprendido a cooperar y a hacer lo que se me pide, si es posible.

Cuando observo el producto terminado, me siento satisfecho de haber atendido a lo que me dijo el director. De modo que hay muchos pastores que tienen problemas porque no están dispuestos a oír a los demás. Piensan que ellos tienen todas las respuestas. Y esto termina en que ellos tienen que encargarse de todo el pensamiento creador. Una de las claves de mi éxito personal en el ministerio consiste en que he aprendido a delegar a otros, no sólo la responsabilidad, sino también la autoridad.

Séptimo paso: Tenga un presupuesto

La televisión puede hundir económicamente a un predicador. No sólo es costoso el equipo, sino que el tiempo en televisión tiene un precio sumamente elevado. Si usted va a gastar más de lo que cree que es capaz de conseguir entonces es mejor que esté seguro de que Dios le ha hablado. Jesús aconsejó que quien va a construir una torre debe considerar el costo. El calcular por adelantado el costo de cualquier proyecto evitará grandes dificultades económicas en el futuro.

Octavo paso: No se quede inactivo

No hay nada más aburrido en televisión que mantener durante varios minutos la misma escena, sin ningún cambio. Una manera de ver si está actuando bien por televisión consiste en bajar por completo el volumen del televisor y observar sólo la imagen. Pregúntese usted mismo: ¿Es aún interesante lo que veo?

En el ministerio cristiano estamos preparados para la comunicación verbal. Creemos que la Palabras de Dios fue comunicada verbalmente por Dios al corazón de los escritores inspirados. Por norma general, nuestro ministerio no toma en cuenta la comunicación no verbal. No se piensa de manera cuidadosa en cosas como el lenguaje corporal y la ropa. Por lo tanto, la televisión cristiana no ha sido preparada para la comunicación visual.

Después de todo el propósito de las comunicaciones es transmitir una idea de una persona a otra. La transmisión de esa idea tiene que entenderse. Mediante la predicación de un sermón en una iglesia, no se tiene una comunicación personal con el individuo, sino con la multitud. Usted reacciona ante el grupo tanto como el grupo reacciona ante usted. Usted puede sentir cuando ellos comienzan a perder interés en algún aspecto particular del mensaje, y pueda pasar a otro aspecto. La multitud tiene también la dinámica de reaccionar de manera colectiva. En una plataforma, uno se mueve para mantener el contacto visual con tantas personas de la multitud como le sea posible. Sin embargo, las mismas personas que pudieran sentarse durante una hora en la iglesia para oírlo a usted, por lo general no podrían sentarse en sus salas de recibo para oírlo de igual manera por televisión. La dinámica de la multitud no funciona en el hogar. Tienen que responder a las distracciones que se producen en torno a ellos. Por lo tanto, para que usted se comunique con eficacia tiene que estar consciente no sólo de la necesidad de que lo que usted diga sea interesante, sino también de que sea interesante lo que el televidente ve, sin que algo lo distraiga del mensaje. Hemos descubierto que el uso de otras partes de videocinta en que se muestra aquello de lo cual estoy hablando resulta sumamente útil para lograr las comunicaciones audiovisuales.

Hace poco estuve hablando acerca de mi viaje a Dinamarca. Allí había hablado en dos conferencias sobre crecimiento de la iglesia. Escogimos un sitio interesante en que me coloqué al frente de un restaurante, desde donde se podía ver el puerto de Copenhague, y en el fondo, la famosa estatua de la Pequeña Bañista. Mientras hablaba sobre lo que Dios había hecho en la semana anterior, mis amigos de televisión mostraban lo que estaba contando. Los telespectadores no tenían que mirar sólo el movimiento de mis labios, sino que podían ver lo que se estaba diciendo.

Tenemos el plan de hacer un viaje al Asia Menor el próximo año. Voy a grabar una serie sobre los sermones de Pablo. No sólo quiero predicar lo que Pablo predicó, sino que quiero ir a los mismos lugares en que predicó sus famosos mensajes. Turquía y Grecia han evitado que se deterioren estos sitios famosos. Creo que mis asociados que oran a favor de estos programas de televisión no sólo están interesados en oír, sino en ver aquello de lo cual Pablo habló. Creo que será una bendición comunicar las enseñanzas de Pablo.

Noveno paso: Tenga cuidado con la manera de conseguir el dinero para este fin

El dinero es uno de los principales problemas en lo que se refiere a la televisión cristiana en los Estados

Unidos de América. Si usted se presenta por televisión con el fin de ganar a los perdidos para Cristo, pero la manera como consigue los fondos hace que usted pierda credibilidad, ¿qué es lo que ha ganado? Cuando veo los programas cristianos por televisión en los Estados Unidos, me pregunto qué pensarán los que no son salvos al ver que los anuncios para conseguir fondos proliferan en los programas. En Corea no se nos permite conseguir dinero por la televisión. Por lo tanto, no tenemos este problema en nuestro país.

Sin embargo, sé que en televisión el tiempo cuesta mucho. En Nueva York, teníamos un programa de televisión todos los domingos por la mañana. Solicitamos a los cristianos que nos ayudaran a permanecer en el aire. A medida que la gente recibió bendición por este ministerio, dieron dinero para ayudarnos. Sin embargo, nunca hemos recibido una carta negativa relacionada con la manera de conseguir fondos. En primer lugar, eso de pedir dinero es algo que no está en mi naturaleza. Prefiero suspender los programas que pedir. También tengo confianza en la inteligencia de los televidentes estadounidenses. Creo que a medida que los cristianos norteamericanos vean lo que Dios está haciendo a través del ministerio del movimiento Crecimiento de la Iglesia Internacional, querrán participar en lo económico.

Décimo paso: No tenga miedo de repetir

Con mucha frecuencia los pastores pensamos que la gente oye lo que decimos la primera vez que lo decimos. La mayoría de las personas retienen muy poco de lo que se dice. Algunas veces tengo que decir algo seis veces antes de que la mayoría de la gente me oiga por primera vez. ¿Cuántas veces repitió Jesús lo que dijo? El enseñó repetidas veces los principios básicos con respecto al reino de Dios. Utilizó diferentes ilustraciones, diferentes circunstancias y diferentes auditorios; pero enseñó los mismos principios básicos. En realidad en lo que se refiere a la resurrección, los discípulos nunca oyeron o comprendieron su enseñanza hasta después que murió y resucitó.

Si lo que usted dice es importante, se puede repetir. He estado enseñando a millares de personas la verdad relacionada con visiones y sueños durante muchos años. Aún estoy asombrado por el número tan reducido de personas que entienden de qué hablo. Hablo con respecto al hecho de que, en la oración, uno debe tener un cuadro claro de lo que quiere de Dios; y aún hay muchas personas que no me han oído. Recuerdo que he usado la historia sobre la manera como el Espíritu Santo me enseñó esta lección al darme una bicicleta, una silla y un escritorio de caoba. Muchos me han hablado acerca de la bendición que recibieron por medio de dicha historia, pero después de hablar con ellos me di cuenta de que nunca comprendieron lo que quise decir.

En efecto, este principio no es sólo importante para los programas por televisión. También es importante para el ministerio de predicación.

La televisión cristiana en Japón

Actualmente estamos cubriendo a Kanto, Tokio y Kansai (Osaka) con programas cristianos de televisión. Grabamos los servicios de adoración de nuestra iglesia en Corea y los doblamos en japonés. Uso algo del material que utilizo en la televisión norteamericana, pero he cambiado este tipo de programa por cuanto sé que estoy proclamando el mensaje a una cultura totalmente diferente. Los resultados han sido maravillosos.

Mi ministerio por televisión en Japón es en su mayor

parte evangelístico. Sólo un pequeño porcentaje del pueblo japonés se llama cristiano. En realidad, menos de un medio por ciento de la población afirma ser cristiana.

Es difícil predicar el Evangelio en Japón. En realidad, no hay un nombre que se le pueda aplicar a Dios. En Japón hay millares de dioses. Por tanto, el solo hecho de usar una palabra japonesa apropiada con la cual pueda distinguirse al único y verdadero Dios es muy difícil. En coreano tenemos un nombre con el cual distinguimos a Dios: HANNANEEM. "Hanna" es una palabra que significa el número uno. Por tanto, cuando decimos Dios, no hay problema para reconocer que estamos hablando acerca del Dios de la Biblia. En Japón no tienen tal nombre. Los japoneses me preguntan: "¿De cuál dios habla usted? ¿Del Dios israelita o del norteamericano? ¿O habla de los dioses hindúes? ¿Qué nos quiere decir con la palabra *Dios*? El hecho de entender la cultura de los japoneses como la entiendo, y de poder predicar con fluidez en japonés, realmente me ayuda a proclamar el evangelio de Jesucristo a ciento veinte millones de almas perdidas.

El año pasado, un televidente japonés me mostró unas fotografías tomadas el mes anterior. La familia Tanaka había aceptado a Cristo como Salvador mientras veían nuestro programa de televisión, y habían escrito a nuestra oficina en Osaka. Uno de los miembros de nuestro personal fue al hogar de esta familia y comenzó un estudio bíblico con ellos. Fueron bautizados en agua y se hicieron miembros de una congregación local. Una vez que la Palabra de Dios comenzó a arraigarse en sus corazones, toda la familia llegó a sentir una profunda convicción con respecto a una imagen que también era una reliquia de arte antiguo. ¿Qué podrían hacer con este ídolo? ¿Debían venderlo? ¿Cómo reaccionaría el resto de la familia ante el "agravio" que pensaban cometer estos nuevos convertidos?

Después de orar mucho por esto, la familia decidió quemar la imagen públicamente y sufrir las consecuencias. Tomaron fotografías de la imagen en el momento en que se quemaba y me las mostraron. Ahora esta familia siente que tiene una nueva libertad en su hogar. El resto de la familia ha comenzado a entender esto, y Cristo les está dando nueva paz.

Resultados de los programas cristianos en televisión

Muchos pastores televisan el servicio de adoración de su iglesia con el fin de lograr publicidad para ella. Otros piensan que la televisión atraerá nuevos miembros. Algunos incluso piensan que un programa local en televisión dará mayor credibilidad a la iglesia. Todas estas razones para justificar los programas por televisión son legítimas. Sin embargo, hay algunos resultados intangibles que justificarían que un pastor dedique su valioso tiempo, su energía y los recursos de su iglesia para proclamar el mensaje por televisión.

Una señora me escribió una carta y la envió por correo a nuestra sede en la ciudad de Nueva York. En ella me dijo que había estado en cama durante muchos años. Había recibido tantas bendiciones por medio de nuestro programa de televisión que simplemente había tenido que escribirme. Había visto unas fotografías de nuestros amigos mientras oraban en la Montaña de Oración (ver la página 130). Hemos tenido por lo regular entre cinco y diez mil personas dedicadas a la oración día y noche. Estas personas oran por sus necesidades, por un avivamiento en Corea y en el resto del mundo; y también interceden por aquellos que nos escriben desde los Estados

Unidos de América y desde el Japón. Al finalizar el programa de televisión para los Estados Unidos, hay una sección en que se muestra a estas personas que claman delante de Dios, y sostienen ante El algunas de las peticiones enviadas por los norteamericanos. Esto no es escenificado; ocurre todos los días.

La señora que me escribió, Sally Porter, había sido tan conmovida por el Espíritu Santo que se había sentido guiada a pedir a Dios un ministerio también. Oró del siguiente modo: "Padre, Tú sabes que estoy anciana y muy enferma. No tengo familia ni dinero. Jesús, he estado esperando la muerte. Te he estado pidiendo que me des la capacidad de morir. Ahora quiero vivir. Si esos cristianos coreanos pueden dedicar su valioso tiempo a trabajar para Ti en la oración, yo también lo puedo hacer."

Su carta en realidad me conmovió. Se la contesté. En mi carta la animé a leer toda porción bíblica en que se mencione la intercesión. Después de eso, he oído que se siente mucho mejor. No tiene aún familia ni dinero, pero ahora tiene un propósito en la vida. Ahora se mueve en su silla de ruedas hacia donde están los demás pacientes, y les da trozos de papel para que escriban sus peticiones. Luego pasa todo un día en su cuarto orando por cada una de tales necesidades y nombrándolas particularmente. Ha aprendido a hacer oraciones específicas. Ahora se halla muy feliz por encontrarse en el hospital; y está logrando resultados. Ahora los demás pacientes acuden a ella con regularidad, e incluso miembros del personal del hospital se acercan a ella en busca de oración. Ahora ella piensa que tiene una nueva familia.

Esto se logró por medio de un ministerio regular por televisión en esa comunidad. Sin embargo, ella nunca asistirá a nuestra iglesia, nunca contribuirá económicamente para el ministerio. Pero ha sido transformada en una fuerza positiva y talentosa en aquel hospital de California.

Su iglesia recibirá beneficios directos de un ministerio por televisión en su comunidad. Este ayudará al crecimiento de la iglesia. Pero hay personas que tal vez nunca respondan a su invitación ni asistan a la iglesia, que pueden recibir bendición y convertirse en bendición por medio del programa televisado de la iglesia. No se presente en televisión con la sola idea de presentarse. Preséntese con el pensamiento de dar a su ciudad algo que realmente le servirá de bendición. Si usted comienza su propio ministerio a través de la televisión con esta idea en la mente, nunca se sentirá desilusionado.

El ministerio radial

La televisión ha eclipsado un poco la radio como medio de comunicación. Sin embargo, en muchas partes del mundo, la gente no tiene receptores de televisión. La radio es el mejor medio de comunicación social para llegar a las masas del Tercer Mundo.

Tenemos programas radiales diarios que cubren toda Corea. También tenemos un ministerio radial en lengua china mandarina que se transmite todos los domingos para la República Popular China. No puedo escribir acerca de todo lo que Dios está haciendo en China, pero puedo decir lo siguiente: a la iglesia china le va mejor que nunca. Todas las semanas recibimos informes sobre lo que el Espíritu Santo está haciendo en esa parte del mundo. Centenares de personas están recibiendo la salvación en Cristo y se están añadiendo a la iglesia. Ahora mismo, creo que hay por lo menos entre veinte y treinta millones de cristianos en ese país.

La iglesia china está creciendo por medio del

sistema de grupos hogareños. No puedo decir de manera específica dónde ni cómo está creciendo la iglesia, pero puedo ofrecer información general. Tengo esta precaución por el hecho de que ya he tenido la experiencia de decir en público algunas cosas acerca de la iglesia en China, y luego he descubierto que las autoridades han puesto fin a las actividades de ese grupo.

En cierta parte de China, el sistema de grupos hogareños está funcionando tan bien y con tanta rapidez, que las autoridades no se atreven a detener lo que el Espíritu Santo está haciendo allí. Ahora mismo, China se encuentra en medio de una nueva arremetida de modernización. Para que la nueva China se desarrolle a partir de su actual desastre económico, necesita una nueva clase de trabajador: un individuo que se dedique al desarrollo económico de su país.

En Corea, la iglesia creció al principio por cuanto se percibía que los cristianos coreanos eran sumamente patrióticos. En otras palabras, ser buen cristiano era sinónimo de ser buen coreano.

Cuando los japoneses ocuparon nuestro país, los cristianos coreanos fueron algunos de los primeros que dirigieron la lucha por la independencia. Los líderes de la iglesia sufrieron grandes penurias y persecución. En efecto, atribuyo en gran parte nuestro éxito a la sangre de nuestros mártires que clamaban justicia. Ellos pagaron el precio para dar al cristianismo credibilidad en nuestra nación.

Así ha sucedido también en China. Los creyentes cristianos no están atados a ninguno de los grupos extranjeros. Todos son cristianos consagrados al Señor. No saben el significado religioso de las palabras "modernista" o "evangélico"; pero creen que todo lo que está en la Biblia es verdadero y es para hoy. Creen en el poder milagroso de Dios. De manera regular ven que se producen milagros. Pero hay algo que es más importante: ellos producen más y trabajan más que sus colegas no cristianos. Son ciudadanos que trabajan arduamente. Por esta razón, las autoridades locales no se atreven a atravesarse en el camino de las conversiones masivas que están ocurriendo en esa región. Si detienen la evangelización en esa parte de China, eso podría significar también que no se cumplirían sus cuotas de producción. Así que, en correspondencia con los mejores intereses de las autoridades, permiten que la iglesia crezca.

Uno de los principales medios de enseñanza de la iglesia en esa parte de China consiste en recibir de manera regular nuestro programa radial. Ya que este programa no llega de Occidente, y puesto que soy un individuo oriental, la actitud de ellos hacia mis programas radiales es diferente de la que asumen hacia otros magníficos programas radiales que también se transmiten en Asia.

¿En qué sentido es diferente la radio?

En la radio, sólo se usan las palabras como medio de comunicación. Por lo tanto, uno tiene que pintar cuadros con palabras. Cuando se da una ilustración, hay que ofrecer muchos más detalles que en televisión. Si la gente ha de escuchar y retener lo que se dice, uno tiene que competir con todos los estímulos visuales que rodean a los radioyentes. Así que hay que meditar mucho con anticipación en lo que se dice por radio.

Normalmente, mis programas radiales son cortos y pertinentes. He aprendido que uno puede lograr mucho más por el mismo precio, si dice lo que ha de decir en cortos períodos, pero con más frecuencia. El tiempo en radio es mucho más barato que en televisión, lo cual hace factible que las iglesias más pequeñas pueden tener un ministerio radial.

En radio también hay que definir a los radioyentes que se quiere alcanzar. El predicador radial fomenta una radioaudiencia basada en el tipo de mensaje que proclame. Si usted trata de enseñar a los cristianos, entonces debe pasar mucho tiempo preparando la enseñanza. Si la radioaudiencia se compone ante todo de personas no salvas, y su programa es de evangelización, usted querrá tratar temas de importancia e interés que despierten la atención de los oyentes.

También hay que recordar que la radio es un medio de comunicación más flexible. La gente oye la radio en los automóviles, cuando están descansando fuera de casa, y con frecuencia dejan el radio encendido cuando trabajan en la casa. Debido a que los programas radiales no demandan el mismo nivel de atención que el programa televisado, la gente tiene la tendencia a dejar el radio funcionando todo el tiempo. Esta es una de las razones por las cuales la preparación es más necesaria en los programas radiales. He aprendido a ofrecer detalles vívidos en mis mensajes. También narro muchas experiencias por radio, por cuanto las historias humanas producen el efecto que se desea sobre el nivel de atención de la persona.

¿Por qué deben los pastores usar los medios de información?

Ya sea que usemos la televisión o la radio, la razón por la cual existen estos medios modernos de comunicación es porque son necesarios para la propagación del evangelio de Jesucristo. Si usted desea que la iglesia crezca, automáticamente desea la proliferación de la evangelización. Cuantas más almas sean salvas, tantas más personas querrán ser miembros de la iglesia.

Creo que el pastor es quien debe usar los medios de

información. En este tiempo, las ondas aéreas están colmadas con voces de evangelistas que proclaman el evangelio. Sin embargo, opino que el predicador evangelista debe trabajar con la iglesia, y no fuera de ella. Creo en los ministerios de comunicación masiva. Sin embargo, creo que la persona que debiera usar los medios de información en mayor grado que cualquiera otra debiera ser el pastor. El es quien debe tener la mayor preocupación de que la iglesia crezca.

El crecimiento de la iglesia es una posibilidad para usted

Usted puede tener una mayor influencia en la comunidad por causa del evangelio. Hay que evitar la tentación de pensar que usted puede meterse en otras cosas en programas de radio y televisión, aparte de la predicación del evangelio. Con frecuencia se me hacen preguntas relacionadas con la política. Soy de una nación que ha sido en gran manera mal entendida por el público estadounidense. La gente me pregunta: "Doctor Cho, ¿qué piensa usted sobre la posición de su país con respecto a los derechos humanos? Suelo responder: "Señor, le hablaré acerca de la posición de Corea sobre los derechos religiosos."

No es que tenga temor de tomar una posición política. No tengo razón para tener temor. Lo que pasa es que creo que, como predicador del evangelio, mi tarea es la de predicar el evangelio. Si me enredo en política, desciendo del alto propósito que mi Padre me llamó a cumplir. Resista usted la tentación y sólo predique la Palabra de Dios. Si usted predica la Palabra de Dios, eso afectará la sociedad y la situación política. He afectado con la predicación a mi comunidad, pues en mi iglesia hay 330.000 miembros. Los políticos comprenden que tenemos una voz poderosa en nuestro país. Pero también saben que oramos por ellos y los apoyamos en sus funciones.

Pablo les dijo a los romanos que se sometieran a las autoridades y oraran por ellas. Yo hubiera podido entender este mandamiento si se le hubiera escrito a otra iglesia. ¿Pero a los cristianos de Roma? ¿Cómo era posible? ¿No era Roma el asiento de los odiados dictadores del mundo? ¿No estaban los romanos matando a los cristianos en el tiempo cuando Pablo escribió esta epístola? Sin embargo, Pablo dijo que toda autoridad, tanto religiosa como política, es puesta por Dios. Jesús le dijo a Pilato que la única autoridad que éste tenía para crucificarlo se debía a que el Padre se la había dado.

Mi mayor preocupación es que haya libertad para predicar el evangelio a la humanidad perdida. Esto no significa que no crea en los progamas sociales para ayudar a los necesitados. Lo que digo es que lo más grande que usted puede dar a un ser humano es aquello que está en conformidad con el propósito por el cual fue creado. Tan pronto como el individuo comprende que es una persona especial, que Dios realmente lo ama, se sentirá motivado a cambiar su propio ambiente. Querrá ser un miembro productivo de su sociedad. Cuando me niego a participar con grupos políticos y sociales, soy víctima de una crítica considerable por parte de otros pastores. Sin embargo, mientras ellos están ocupados en la defensa de algunas causas, yo estoy desarrollando la iglesia más grande en la historia del cristianismo.

Por tanto, los medios de comunicación social deben usarse para la predicación del evangelio. Con el uso de la televisión y la radio, uno cuenta con un tipo de poder especial. La televisión permite sobre todo que el pueblo lo vea a uno de manera diferente. La gente piensa que lo conoce a uno personalmente. En cierto sentido, uno tiene una desventaja. Cuando produce un programa de televisión sólo ve los lentes de la cámara. Cuando se presenta el programa, millones de personas le ven la cara a uno. Ellos piensan que han estado con el predicador personalmente. Claro, esto sucede si el predicador ha hecho un buen trabajo. Esta clase de poder en manos de personas inicuas puede tener un efecto corruptor.

Por esta razón Cristo tiene que enfrentarse a los motivos del corazón. Este fue el motivo por el cual dediqué mucho tiempo a este tema en el comienzo de este libro. La inclinación personal a ser uno famoso y apreciado por las masas si no es santificado por el Espíritu Santo, destruirá al pastor, bien sea por su gran orgullo, o por el amor al dinero, o por desastrosos problemas morales. Cuanto más famoso sea usted. tanto mayor será la presión que tendrá que soportar y tanto más sólido tendrá que ser su carácter cristiano.

5

EL CRECIMIENTO DE LA IGLESIA

Y EL REINO DE DIOS

Hace varios años, una bella anciana me invitó a su hogar para una comida especial. Esa tarde se habría de producir un gran impacto sobre mi vida y sobre mi ministerio. La señora de Park, una ex congresista, se reunió conmigo en el comedor y con mucha gracia tomó asiento. Delante de nosotros estaba servida una espléndida comida coreana. De inmediato comenzó a contarme su historia. Aunque había oído detalles de su testimonio, consideré que era un privilegio oírlo de sus propios labios:

"Durante el ataque comunista de Corea del Norte a Seúl", comenzó con voz suave. Luego hizo una pausa y probó el arroz que estaba frente a ella. "Los comunistas asaltaron de una manera tan rápida que la mayoría de los líderes políticos no tuvieron la oportunidad de escapar hacia el sur. Fui a mi ropero, encontré alguna ropa vieja y traté de disfrazarme de vendedora ambulante. Cuando estaba huyendo hacia el sur, fui arrestada por los soldados de Corea del Norte. Les dije que era sólo una pobre anciana, pero no me creyeron. Me llevaron a su cuartel general para interrogarme. Cuanto más negaba que fuera alguna persona de importancia, tanto más me preguntaban, hasta que uno de ellos me tomó las manos y me dijo que yo estaba mintiendo. 'Estas no son manos de una vendedora ambulante; son demasiado suaves', me dijo. Pronto fui llevada ante uno de los oficiales que dictó mi sentencia. 'Usted va a ser fusilada mañana al anochecer', me dijo abruptamente.

''El pasillo estaba húmedo y frío. Sólo alcanzaba a oír el débil ruido del tránsito que se desplazaba por encima de mí, mientras me conducían a una celda en el sótano. Lo único que tenía eran los harapos que había usado para intentar disfrazarme. Para entonces ya estaba muy cansada y me tendí en el piso de cemento. Mientras mi mente repasaba apresuradamente todo lo que me había acontecido, sentí gran tristeza y remordimiento.

''*¡Qué manera de ver el fin de tu gloriosa vida!* me dije a mí misma. *Lo has tenido todo. Conoces a mucha gente. Pero esta es tu última noche. ¿Qué te sucederá mañana?* Continué preguntándome mientras me iba quedando dormida.

''Siempre es duro ser despertado de un sueño profundo. Pero cuando uno se da cuenta de que es la última vez que será despertado, esto es doblemente duro. Un joven de unos veinte años de edad me tomó por el brazo y me condujo con firmeza de regreso por el pasillo del sótano, subimos las escaleras y salimos a la calle. Cuando la brillante luz del sol me dio en la cara, quedé como ciega. Pero no estaba tan ciega como para no ver el rifle que tenía el soldado en el hombro.

''Anduvimos varias cuadras. Noté que había casquillos de balas tiradas al frente de las que una vez fueron hermosas casitas. Todas estas casas estaban apretujadas la una contra la otra, como si trataran de protegerse mutuamente del penetrante frío que nos había saludado esa mañana. Mis ojos se llenaron de lágrimas, y comencé a recordar todos los sucesos principales de mi vida. Recordé que siempre estuve metida en todo. No es común que una mujer coreana descuide el matrimonio y la crianza de los hijos con el fin de dirigir una sección de la resistencia antijaponesa. Recordé toda la emoción que sentí cuando los norteamericanos derrotaron a los japoneses, y al fin todos quedamos libres. Yo había entrado en la política para proseguir mi meta que era la justicia para el pueblo. Pero pronto había sido atrapada por el arribismo social que acompaña el nuevo poder.

"Luego mi mente regresó a nuestra pequeña iglesia metodista. Me sentaba a oír sin interés los sermones, pero realmente me gustaba cantar. En realidad, cuando me sentía atemorizada o sola, con frecuencia me encontraba tarareando algunos de mis himnos favoritos. Canté en voz baja '¡Oh qué amigo nos es Cristo!' Me brotaron más lágrimas y comenzaron a rodar por mis mejillas mientras me decía: 'En realidad nunca aceptaste a Jesucristo como tu Salvador.' El hecho de tener esto en mi mente y pronunciarlo suavemente con mis labios me produjo sentimientos aun más profundos de dolor y de frustración.

"Me pregunté si Jesús me perdonaría y me salvaría en ese momento. Entonces con toda la resolución que pude reunir, dije: 'Jesús, voy a morir dentro de pocos minutos. He sido una mujer pecadora. Aunque no lo merezco, perdona, por favor, a esta anciana sus pecados, y sálvame como lo hiciste con el ladrón que fue crucificado contigo.'

"De repente sentí un gozo que llenó lo íntimo de mi ser. Mi corazón estaba latiendo tan rápido que estuve segura de que el soldado, quien me miraba con curiosidad mientras subíamos al lugar de ejecución, podía oírlo. Yo había sido perdonada. Había sido libertada. Estaba lista para morir.

"Sinceramente creo que nadie está preparado para vivir sin Cristo, pero aun está menos preparado para morir sin la seguridad que sólo Jesucristo puede traer. Entonces me sentí feliz y libre, y comencé a cantar en alta voz: 'Todos nuestros pecados y dolores El llevó, ¡qué privilegio llevar todo a Dios en oración!

"— ¡Cállate, vieja! — me gritó el soldado —. ¡Deja ya de cantar!

" —¿Por qué debo obedecerte ahora? — le pregunté —. ¿No es verdad que voy a morir de todos modos? Soy cristiana. Recibí mi salvación mientras subía esta colina, y aprovecharé los últimos minutos que me quedan en esta tierra para alabar a mi Señor y Salvador, Jesucristo.

" '¡Bendita seguridad, Jesús es mío; oh qué gusto anticipado de la gloria divina!' Comencé a cantar ese nuevo himno sólo para el joven y rudo soldado. De repente, toda la letra de este himno vino a mi mente y continué cantando en voz tan alta como pude. En el lado de otra colina, en las afueras de la ciudad, noté que había una parte plana. El joven sacó una pala y comenzó a cavar mi sepulcro. Mientras seguía cavando, continué cantando. De cuando en cuando me miraba y luego continuaba cavando. Cuando terminó, tomó una venda, la puso sobre mis ojos y dijo: 'Vieja, tienes algunas palabras que quieres decir antes que te mate y entierre tu cuerpo?' Aunque mis ojos estaban vendados, sentí que podía ver directamente el corazón del joven verdugo delante de mí.

" 'Sí — le dije, sintiendo compasión por él —, sólo tengo unas pocas cosas que decir. He tenido una vida maravillosa en esta tierra. Pero mientras subíamos acá, tienes que haber notado que algo me sucedió. Esta mañana desperté llena de temor. Ahora tengo paz y gozo. Es que esta mañana sólo era una cristiana nominal, pero ahora soy salva. Sólo deseo que tú también pudieras conocer a este maravilloso Salvador Jesucristo.' Pude haberle dicho más, pero en ese momento sentí que alguien me decía que orara por el joven soldado.

"— ¿Puedo pasar los últimos momentos de mi vida orando por tu alma? — le pregunté.

"Mientras tanto iba yo descendiendo hacia el hoyo que él había hecho, el cual sería mi sepulcro. Me arrodillé y comencé a orar. Después de sólo unos pocos minutos, oí que el joven estaba llorando. Terminé mi oración y le dije:

"— Ya terminé. Puedes dispararme ahora. — Pero nada ocurrió. ¿Qué podría estar funcionando mal?

"— Ya terminé de orar. Puedes disparar — le repetí.

"— No puedo — oí que me decía en medio de los sollozos que yo percibía como lágrimas agonizantes.

"El bajó al sepulcro, me quitó la venda y me miró a los ojos.

"— Mi madre solía orar por mí de esa manera. Puedo verla orando por mí ahora. Cuando levanté el fusil, tuve una visión de mi madre, y no puedo dispararle a mi madre.

"— Tienes que obedecer las órdenes, de lo contrario, te matarán a ti — le dije, ahora más preocupada por la vida de él que por la mía.

"— No puedo matarla a usted. Por favor, escape cuando yo dispare al aire —; y mientras me decía esto, me soltó las manos y me dejó ir. Corrí hacia las montañas en busca de seguridad."

Cuando la señora de Park hubo terminado de narrar su historia, descubrí que yo mismo estaba llorando con ella, y ni siquiera me preocupé por el hecho de que casi no había comido nada. La señora de Park está ahora en el cielo, pero ella dedicó el resto de su vida a dar el testimonio a los líderes, con respecto a la capacidad de Cristo para librar a los prisioneros y ponerlos en libertad. Ella inició el primer desayuno presidencial en Corea y pudo tocar los corazones de muchos de nuestros más poderosos líderes políticos y económicos. Sin embargo, recuerdo que al fin de su historia me miró directamente a los ojos y me dijo algo que produjo un gran impacto en mí.

"Pastor Cho, usted es joven. Tiene un gran futuro en el ministerio. Pero tengo que aconsejarlo con respecto a algo que usted nunca debe olvidar. Predique el reino de Dios. Nunca se salga del camino. Predique todo el evangelio del reino. Nunca permita que la conveniencia o la prominencia le impidan predicar el mensaje que Jesús predicó. Le repito: ¡Predique el reino de Dios!"

Nunca he olvidado tales palabras de esta santa coreana. Por lo tanto, hablaré sobre la importancia de predicar el reino de Dios y de ver en acción el poder del reino de Dios.

¿Qué es el evangelio del reino de Dios?

Antes de saber lo que Jesús quiso dar a entender con las palabras "el evangelio del reino", tenemos que tratar de entender lo que es el reino de Dios. El reino de Dios tiene dos aspectos. Hay el aspecto futuro de dicho reino y su realidad actual. Aunque hay muchas facetas de este importante tema bíblico, pienso que es importante que todo cristiano entienda como el reino de Dios afecta el crecimiento de la iglesia. Tan pronto como entendamos esta importante lección, podremos desatar el poder dinámico que hay dentro de todo creyente en Cristo. Podremos ver el poder del Espíritu Santo funcionando en nuestro ministerio, como lo experimentaron los primeros apóstoles.

¿Qué es el reino de Dios?

Desde el comienzo de su experiencia histórica, los hombres han tratado siempre de descubrir una sociedad ideal. Platón, el muy conocido filósofo griego, soñó con una sociedad ideal basada en una estructura política y moral. Su república llegó a ser un modelo para las futuras sociedades, pero el mismo Platón comprendió que sus filosofías políticas y sociales eran tan ideales que jamás podrían llevarse a cabo hasta llegar a la perfección deseada.

Los profetas del Antiguo Testamento hablaron de una era futura en que los hombres vivirán juntos sin armamentos de guerra. Isaías dijo que las lanzas se convertirían en hoces, y que las naciones no levantarían espadas unas contra otras. De hecho, la paz del mundo sería diferente de un modo tan espectacular que usó las imágenes de un lobo y un cordero que se echan juntos, de leopardos que juegan con los niños y de becerros que andan con leoncillos para dar a entender el cambio radical que habrá en los asuntos del mundo futuro.

Jesús predicó un mensaje de arrepentimiento porque el comienzo de una nueva era estaba cerca. "Arrepentíos, porque el reino de los cielos se ha acercado" (Mateo 4:17). Sus enseñanzas, ilustraciones y parábolas trataban en primer lugar acerca del reino de Dios. En realidad la oración que enseñó a sus discípulos fue "Venga tu reino. Hágase tu voluntad, como en el cielo, así también en la tierra" (Mateo 6:10).

Hasta el mismo fin de su vida terrenal, Jesús destacó la importancia del reino de Dios cuando hablaba con sus discípulos. Aunque es obvio para todos los que estudian los evangelios que Jesús hizo hincapié de manera principal en el reino de Dios (Mateo lo llamó "el reino de los cielos" porque él escribió principalmente para los judíos), hallo poco acuerdo en cuanto a lo que es el reino de Dios y lo que debe ser el mensaje del evangelio del reino.

San Agustín percibió los términos *reino de Dios e iglesia* como sinónimos. El movimiento de la Reforma jugó un importante papel en cuanto a redefinir el significado del término "el reino de Dios". En lo básico, Calvino estuvo de acuerdo con San Agustín. Sólo difirió de éste en cuanto a cuál aspecto de la iglesia representaba el reino de Dios. Calvino pensaba que la verdadera iglesia, que está dentro de la iglesia visible, era la manifestación terrenal del reino de Dios. Que la iglesia tiene la tarea de convertir a las naciones de este mundo en pueblos dispuestos a someterse al señorío de Jesucristo. La tarea de la iglesia sería posible mediante el uso de un poder especial llamado el evangelio del reino de Dios. Este evangelio del reino de Dios afectaría así las vidas, de los hombres en primer lugar y luego de las naciones, de tal modo que habría una poderosa transformación de la realidad social, política y económica. Se comparó a la iglesia con la levadura, que lentamente leudaría toda la masa de la tierra, hasta llegar a un punto de la historia en que la tierra proclamaría a Jesucristo como Señor y Rey. En este punto, el Señor Jesucristo regresaría a la tierra para recibir el reino preparado para El por el Padre celestial.

Ha habido otra escuela de teología que no trata de explicar el reino de Dios en función de lo futuro, sino que trata de entenderlo en su contexto social presente. Harvey Cox es sólo uno de los muchos teólogos modernos que consideran que el reino de Dios es un orden social establecido por la iglesia. Los problemas de la desigualdad, del prejuicio, así como el resto de nuestras inquietudes sociales, deben tenerse en cuenta y tratarse por la iglesia que está consciente de su misión. Esta escuela vuelve a definir los términos bíblicos para hacerlos más pertinentes con los problemas actuales. Muchos de los líderes de las iglesias modernistas están motivados por lo que consideran como falta de interés dentro de los líderes más moderados de la iglesia evangélica.

Aunque más adelante en este capítulo presentaré mi punto de vista sobre el reino de Dios, por ahora basta decir que hay una falla básica en el hecho de tener sólo un punto de vista teológico sobre el reino de Dios. Aunque creo en la razón, no creo en la infalibilidad de la misma. Hay un fundamento más grande que la razón para establecer lo que es el reino de Dios en realidad. Ese fundamento es la sencilla, y a la vez profunda, Palabra de Dios. Examinemos algunos principios bíblicos que nos ayudarán a entender lo que es el reino de Dios.

1. El reino de Dios no es sólo para el futuro, sino también para el presente. ". . .porque el reino de Dios no es comida ni bebida, sino justicia, paz y gozo en el Espíritu Santo" (Romanos 14:17). Pablo nos revela que el reino de Dios trasciende la existencia natural del hombre y hace que éste experimente, aquí y ahora, el fruto del Espíritu Santo. Que si usted se asocia con el Espíritu Santo llegará a ser como aquella Persona con la cual se asocia. El resultado natural de la asociación con el Espíritu Santo será un modo de vida que estará más interesado en la cualidad que Dios le otorga a ella que en los aspectos esenciales de la vida, como comer y beber.

2. Pablo también revela que el reino de Dios es aquel lugar al que hemos entrado como resultado de haber sido regenerados por el Espíritu Santo. ". . . el cual [Dios] nos ha librado de la potestad de las tinieblas, y trasladado al reino de su amado Hijo" (Colosenses 1:13).

La palabra "trasladado" es traducción del término griego *metestasen,* que significa *cambiar de lado.*

Al estudiar este versículo veo un cuadro que representa un juego de fútbol. En un lado está el equipo que representa al reino de las tinieblas. En el otro, está el equipo que representa al reino de Dios. Durante el juego, uno de los principales jugadores del equipo de las tinieblas se quita su camisa y su número, se pasa al banco del bando opuesto y se viste con la camisa del reino de Dios. Luego regresa a jugar contra los representantes de las tinieblas. Sencillamente, lo que ha hecho es cambiar de lado.

Eso es lo que nos sucede a nosotros. Somos trasladados de un reino a otro; del reino de las tinieblas al reino de nuestro Señor.

3. El reino de Dios también se describe en su aspecto futuro de eterna bienaventuranza. "Por lo cual, hermanos, tanto más procurad hacer firme vuestra vocación y elección; porque haciendo estas cosas, no caeréis jamás. Porque de esta manera os será otorgada amplia y generosa entrada en el reino eterno de nuestro Señor y Salvador Jesucristo" (2 Pedro 1:10, 11).

En Mateo, Jesús habló acerca del futuro cuando dijo: ". . . vendrán muchos del oriente y del occidente, y se sentarán con Abraham e Isaac y Jacob en el reino de los cielos" (8:11).

Sin embargo, en Mateo 13, nuestro Señor presenta parábolas que ofrecen una aclaración adicional de lo que quiso decir con el término "el reino de los cielos". Dice que tan pronto como el reino sea purificado, los justos brillarán como el sol.

4. Jesús representa lo que significa estar en el reino. "El reino de Dios no vendrá con advertencia, ni dirán: Helo aquí, o helo allí; porque he aquí el reino de Dios está entre vosotros" (Lucas 17:20, 21).

Este versículo puede aplicarse al hecho de que el reino de Dios estuvo allí en medio de ellos. El pronombre "vosotros" es el que corresponde a la segunda persona de plural. Jesús estaba allí en medio de ellos. Los fariseos no debían esperar una manifestación gloriosa en lo futuro, pues el reino estaba ante ellos, y ellos estaban tan ciegos que no podían observar que Dios estaba obrando sin mucho toque de trompeta.

5. Para entender la paradoja del reino hay que tener una comprensión equilibrada. En Juan 18, Jesús dijo a Pilato: "Mi reino no es de este mundo." Sin embargo, también dijo en Lucas 13 que el reino de Dios comenzaría de una manera más bien inobservable, como una semilla de mostaza. Sin embargo, esta semilla, casi inadvertida, crecería y afectaría al mundo entero.

En vez de considerar los puntos aparentemente opuestos de las Escrituras como contradicciones, pienso que mantienen un equilibrio. Por tanto, el reino de Dios será futuro, pero también es presente. No es de este mundo, pero afecta a este mundo. Se puede entrar en él en el tiempo actual, pero tiene un cumplimiento en lo futuro.

Usted no puede ver el reino de Dios con los ojos naturales, pero está dondequiera que Cristo está. A medida que analizamos más el reino de Dios, comprendemos que la palabra *reino* puede entenderse de diferentes maneras.

Tanto la palabra griega *basileia*, que se tradujo *reino*, como la palabra hebrea *malkuth*, se refieren al rango y a la autoridad que ejerce un rey. El pensamiento que ahora relacionamos con la palabra *reino* se refiere a las personas que están bajo la autoridad de un rey, o al territorio verdadero sobre el cual se ejerce la autoridad real. Así que la naturaleza de la autoridad puede estar más cerca de la comprensión del concepto bíblico de reino que los verdaderos súbditos de la autoridad.

En Salmo 145:13 se expresa en términos poéticos algo de esta idea. "Tu reino es reino de todos los siglos, Y tu señorío en todas las generaciones." En la poesía clásica hebrea, los dos versos que forman lo que nosotros llamamos un versículo, deben expresar la misma idea de diferentes maneras. Por tanto, según el concepto del poeta, el reino era el dominio real de Dios.

Herodes el Grande no fue un rey popular en Israel. Aunque reconstruyó el templo con majestuosa grandeza y construyó muchos edificios públicos hermosos en Jerusalén, no tuvo un verdadero reino. Su autoridad no tenía una base genuina separada del poder romano. Había ido a Roma y se le había dado el reinado sobre Israel, sin que tuviera ninguna base legítima para ejercer esta clase de autoridad. No había nacido rey. No había sido ungido por un profeta reconocido. No era descendiente de Judá. No tenía derecho legítimo. Aunque vivía en un palacio, tenía una corona y era llamado el rey Herodes, él compró el reino, no lo ganó. En Gran Bretaña se pueden comprar propiedades que llevan consigo un título. Así que, si usted tiene suficiente dinero, puede comprar un título. Sin embargo, no se puede comparar esta clase de título con un título concedido por la reina. Tampoco se puede comparar con el hecho de haber nacido en una familia noble. El dinero puede comprar un título, pero tal título no es legítimo.

El hecho de analizar aun más este pensamiento, nos hace entender la oración que Jesús nos dijo que hiciéramos: "Venga tu reino. Hágase tu voluntad, como en el cielo, así también en la tierra." No parece indicar que pidamos a Dios que se apodere del mundo mediante un cataclismo; más bien parece que en el corazón del Señor está el deseo de que pidamos que la autoridad de Dios sea tan evidente en la tierra como lo es en el cielo.

Por tanto, creo que el término "el reino de Dios" se refiere a la naturaleza de su reinado, a su autoridad. Es genuina, es indiscutible y es eterna. El reinado de Dios es para el presente, pero también será para lo futuro. ¡Dios ha tenido siempre autoridad sobre todo! El es el Creador de la tierra y, en realidad, de todo el universo. El es todopoderoso. Sin embargo, en este escenario humano que se llama Tierra, Dios se ha limitado a sí mismo. A Satanás se le dio un reino de autoridad. El es el dios de esta era presente. Tiene autoridad sobre los sistemas del mundo. Su trono de autoridad está en la atmósfera inmediata que rodea al mundo. Pero Dios no ha permitido que el hombre quede a merced de Satanás. El ha provisto una manera de escapar del territorio sobre el cual ejerce Satanás su autoridad. El proveyó a Jesucristo, el último Adán.

El último Adán ha dado a todos los que confían en El, todo lo que perdió el primer Adán, y aun más. Pues ahora el hombre está incluido en una relación de amor. Es aceptado en el Amado.

Sin embargo, Cristo vino al territorio de Satanás y tuvo que ganarse el derecho de delimitar el territorio para el lado opuesto que es el reino de la luz. Dios no quebranta su palabra divina. Para que disminuyera la autoridad de Satanás, éste tendría que perder esa autoridad. Por tanto, Satanás tenía que tratar de destruir al Niño. Pero Dios lo protegió. Satanás tentó al Hombre Cristo Jesús, pero Cristo ganó la contienda. Tan pronto como Satanás perdió el primer combate de la contienda por la autoridad para regir esta tierra, Jesús manifestó el poder del reino de Dios. Sanó a los enfermos y echó fuera demonios.

Jesús llamó a sus discípulos, quienes no sólo

recibieron su poder y fueron enviados, sino que también fueron probados. Los setenta fueron enviados a sanar a los enfermos y a echar fuera demonios. Ellos se sorprendieron por el hecho de que también tenían autoridad.

El último combate de Satanás con Cristo se produjo en la cruz. Satanás, a través de todo el reino o autoridad que se le había concedido, había colocado todos los obstáculos. El mataría al Hijo de Dios y dispersaría a sus discípulos. Ya no tendría ningún temor de que alguien le contradijera el derecho de regir. Jesús no sólo murió, sino que el tercer día resucitó, y fue así como venció a Satanás y todas sus fuerzas. El Señor Jesús tomó las llaves de la muerte y del infierno mismo, y fue proclamado Señor de todos.

Antes que Jesús se levantara de la tierra y ascendiera a su Padre, dijo: "Toda potestad me es dada en el cielo y en la tierra. Por tanto, id, y haced discípulos a todas las naciones" (Mateo 28:18, 19). Marcos agrega una dimensión mayor a lo que Jesús les mandó a sus discípulos: "Y estas señales seguirán a los que creen: En mi nombre echarán fuera demonios; hablarán nuevas lenguas; sobre los enfermos pondrán sus manos, y sanarán" (Marcos 16:17, 18).

Según Mateo, Jesús había dicho que una señal de que el reino de los cielos se había manifestado a ellos era la capacidad para sanar a los enfermos y echar fuera demonios. Ahora, cuando El ha ganado la victoria final sobre Satanás, da la misma autoridad a cada creyente. El hecho de que Cristo tiene autoridad se manifiesta al mundo no sólo mediante nuestra predicación con el poder del Espíritu Santo, sino también mediante nuestra capacidad para orar por los enfermos y ver que se recuperan, más nuestra capacidad para ejercer autoridad sobre lo que queda del falso reino de Satanás.

Califico al reino tenebroso de Satanás de falso a causa de su naturaleza y de su duración. Me refiero particularmente a su duración.

Un reino terrenal no sólo se concentra en mantener autoridad, sino también su longevidad. Esta es la razón por la cual una de las cosas más importantes es que el rey tenga un heredero. Hoy, en algunas partes del mundo se acepta el divorcio como un recurso adecuado para un rey, cuando su reina no da a luz un heredero para el trono. Al tener un heredero, el rey piensa que su reino podrá permanecer después de su muerte.

La autoridad de Satanás sólo habría de ser un fenómeno transitorio en la historia. Leemos en Génesis 3:15 que Dios le dice a la serpiente, quien representa a Satanás, que la simiente de la mujer será herida en el calcañar, pero que la simiente de la mujer herirá a la serpiente en la cabeza. Sin duda alguna, en la mente de Satanás estaba el significado de esta profecía.

En las batallas antiguas, el vencedor podía declarar finalizado el conflicto, y manifestar su victoria colocando el pie sobre la cabeza del enemigo vencido. Satanás sabía que vendría Uno de la raza humana que limitaría la extensión de su autoridad en la tierra. No sería un ángel, sino un hombre. Ese Hombre fue Jesucristo. Posteriormente la profecía del Antiguo Testamento declaró que este Hombre vendría de la tribu de Judá y de la simiente de Isaí. Esta es la razón por la cual Satanás atacó la simiente del hombre. En muchas ocasiones, Israel habría sido destruido como pueblo, si no hubiera sido por la protección de Dios. Satanás iba a hacer todo lo posible para impedir que se cumpliera la profecía que se halla escrita en Génesis 3:15.

Pablo nos dice en el capítulo 1 de su Epístola a los Efesios que la autoridad de Cristo está muy por encima de todo principado y autoridad y poder y señorío, y sobre todo nombre, no sólo en este siglo, sino también en el venidero. Por tanto, la autoridad de Cristo no tiene término.

El apóstol también contesta la pregunta relacionada con los herederos de Cristo. Afirma que somos coherederos con Cristo. Por tanto, estamos sentados con Cristo en el reino celestial que está muy por encima del plano terrenal. Está claro que ahora tenemos toda la autoridad necesaria para cumplir la Gran Comisión de ir por todo el mundo y hacer discípulos a todas las naciones.

¿Cuál es el evangelio del reino?

La palabra *evangelio* significa *buenas noticias*. Con cuánta frecuencia las personas acuden a la iglesia y oyen de todo, menos las buenas noticias. Oyen hablar acerca de lo que está haciendo Satanás; de lo que están realizando los políticos; de lo que ocurre en el mundo, lo cual indica que el tiempo del Anticristo está cerca. He visto cristianos que llegan a la iglesia felices, y cuando se van sienten temor y depresión. Han oído las malas noticias en lugar de las buenas noticias. Lo único que hay que hacer es encender el televisor, o el radio, o comprar un periódico, y ya usted tiene todas las malas noticias que necesita. ¡Lo que la gente necesita oír en la iglesia son las buenas noticias!

Las buenas noticias son estas: que Dios tiene dominio sobre todo, y que nosotros estamos en el lado de los ganadores. Algunas veces tomo un libro y me gusta mirar el último capítulo. Si sé que el libro va a tener un triste final, pienso que haría mejor en no comenzar a leerlo. ¿Por qué debo leer durante tantas horas, sólo para sentirme triste al final de la historia?

Pero cuando examinamos la última parte de la Palabra de Dios, son obvias las buenas noticias. Somos los ganadores. En Mateo 13:16 se nos ofrece una idea sobre lo especial que realmente somos. En el contexto de unos pocos versículos, Jesús declara que somos muy afortunados al poder entender todo el panorama.

Considero estos versículos como un bello rompecabezas parecido a los que solía regalar a mis hijos. Mis hijos sacaban todas las piezas y las regaban por el piso de nuestra casa. Era fácil reconocer ciertas partes del cuadro, pero otras secciones no se podían entender hasta que todo el rompecabezas estaba armado. Así sucede con los profetas. Sólo profetizaron en parte. Dijeron aquello para lo cual los ungió el Espíritu Santo. Pero ahora que Cristo armó todo el rompecabezas, somos bienaventurados. Es decir, podemos mirar cada parte del cuadro y ver cómo cada pieza encaja en su lugar. Podemos abrir la Biblia en el profeta Isaías y comprender lo que Dios quiso decir cuando le dio al profeta el capítulo 53.

Sin embargo, el evangelio del reino cae en diversas clases de terreno. Satanás sale a arrebatarlo de nuestras manos porque es el único mensaje que expone el hecho de que Cristo lo derrotó totalmente y que nos da el valor para pelear la buena batalla de la fe.

La palabra del reino cae en cuatro tipos de corazones.

El lado del camino es tan transitado por los viajeros que se endurece. Una semilla que caiga en este tipo de terreno tiene poca posibilidad de convertirse en una planta significativa. Estas personas simplemente no están interesadas y nunca permiten que este mensaje se arraigue en su corazón.

Los pedregales indican un grupo de personas que oyen la palabra, entienden lo que significa, pero no pagan el precio para permitir que el mensaje cambie en realidad sus vidas.

En terreno que tiene espinas se refiere al grupo que acepta la Palabra, pero están más interesados en las cosas de esta vida, y por tanto, la Palabra no es muy importante para ellos, y nunca echa raíz.

Pero también hay un grupo de personas que oyen el mensaje del reino de Dios y están dispuestas a pagar el precio que sea necesario para dar fruto. Le dan la prioridad indispensable para que tenga éxito y, por lo tanto, llevan fruto según la capacidad que se les concede.

El evangelio del reino de Dios tiene que ser oído, experimentado y luego proclamado. Los primeros apóstoles estuvieron dispuestos a pagar el precio necesario para que el reino de Dios se manifestara en la iglesia primitiva. Roma no se hubiera opuesto a que simplemente se levantara otra secta religiosa procedente de la religión judía, pero las autoridades romanas objetaron con vehemencia la proclamación de que había otro Rey más poderoso y eterno: Jesucristo. Luego, al sanar a los enfermos, ellos probaron que este Rey tenía dominio sobre todo. Los milagros se convirtieron en una respuesta obvia para los que dudaban y sólo discutían los méritos de una nueva religión.

El tema de la sanidad divina produce mucha controversia hoy. Nunca he tenido ningún problema con la sanidad divina, pues si no hubiera sido por la sanidad divina, yo ya sería un budista muerto. Recuerde que me convertí al cristianismo cuando me hallaba en el lecho de muerte. Agonizaba con una enfermedad que parecía ser un caso desahuciado de tuberculosis.

Sin embargo, comprendo que la sanidad divina presenta un problema de tipo teológico a muchos pastores evangélicos. Soy bastante sensible a este problema. En realidad, muchas de nuestras Conferencias sobre Crecimiento de la Iglesia son patrocinadas por pastores e iglesias que no practican la sanidad divina. En México, el director de la Conferencia sobre Crecimiento de la Iglesia, la cual atrajo a 4.500 líderes cristianos, fue un presbiteriano que tenía problema con todo el tema de la sanidad divina. A muchos de mis mejores amigos se les ha enseñado que la sanidad divina fue una necesidad temporal de la iglesia primitiva. Una vez que se completó la Biblia, ya no fue necesaria la sanidad divina y, por tanto, se descartó. Aunque no estoy de acuerdo con este punto de vista teológico, no creo que los que lo adoptan aman menos a Jesús o son ministros del evangelio de segunda clase.

Creo que debemos tratar de mantener la unidad que el Espíritu Santo está tratando de establecer en la iglesia hoy, hasta que algún día todos estemos de acuerdo. Considero las diferencias de opinión sobre la interpretación de la Biblia entre los cristianos sinceros y genuinos como cuando uno entra a un cuarto oscuro. Uno pudiera entrar por una puerta y abrirse paso a tientas, y decir que se halla en la sala. Yo pudiera entrar por otra puerta, y decir que estoy en el comedor. La única manera en que lo sabremos consiste en continuar amándonos los unos a los otros hasta que se encienda la luz, y entonces será evidente la función del cuarto.

Pedro se refiere al carácter progresivo de la revelación en 2 Pedro 1:19: "Tenemos también la palabra profética más segura, a la cual hacéis bien en estar atentos como a una antorcha que alumbra en lugar oscuro, hasta que el día esclarezca y el lucero de la mañana salga en vuestros corazones." Lo que Pedro dice es que las Escrituras son una revelación profética más segura que la voz audible del Padre que se oyó en el monte de la Transfiguración. Luego se compara la Escritura con una luz que brilla en un lugar oscuro. El verbo "alumbra", en el original está en presente progresivo. En griego, este tiempo indica continuidad de acción. Eso significa que nuestra comprensión de la Escritura se va haciendo más brillante y continuará aclarándose hasta que la comprendamos claramente cuando regrese nuestra Estrella resplandeciente de la mañana, el Señor Jesucristo.

Así que si usted no está de acuerdo conmigo en lo que se refiere a la sanidad divina, no se ofenda, ámeme. ¡Tal vez usted aprenda algo! Espero que usted nunca tenga que cambiar su manera de pensar por el hecho de que necesite sanidad divina. Si usted ya cree en la sanidad divina y piensa que me estoy disculpando por practicarla, está equivocado. No me disculpo por lo que veo que es la verdad confiable de la Palabra de Dios y una clara manifestación de que el reino está funcionando en nuestra comunidad.

En nuestra iglesia hemos tenido millares de experiencias verdaderas de sanidad divina. Creemos que Dios sana a nuestros miembros. Pero también creemos que hay que orar por los enfermos y esperar que Dios realice el milagro. También creemos en el ministerio de la medicina. Como tenemos varios médicos en nuestra iglesia, vemos que ellos le dan a Dios la oportunidad, ya sea de realizar un milagro evidente, o de que use las habilidades que les ha dado como médicos. Ellos ven que Dios sana de ese modo también. Dios usa los dos métodos. Sin embargo, creo que Dios hace milagros en nuestra iglesia. Esto prueba a la comunidad incrédula que Dios está en actividad y que el pueblo no tiene que sufrir. Después de todo, Buda no puede sanarlos. Sólo Jesús puede sanar el espíritu, el alma y el cuerpo.

La sanidad y los milagros en relación con el crecimiento de la iglesia

Un pastor me dijo una vez que la sanidad ya no era necesaria. Me dijo que los milagros fueron para cierto tiempo, antes que la civilización iluminara el mundo de la razón. Estoy en completo desacuerdo con él. Al viajar por el mundo, he visto hombres que afirman ser civilizados y actúan de la manera más incivilizada. Al final de la Segunda Guerra Mundial, el mundo se dio cuenta de que Alemania, la nación más educada, culta y científicamente avanzada del mundo, se había permitido realizar las atrocidades más crueles que registra la historia. No, el mundo puede estar más educado, pero hemos visto que la actual generación se ahoga en las aguas contaminadas de la pornografía, la suciedad y la perversión. Hoy hay que dar el poder sanador del Espíritu Santo a la sociedad enferma y necesitada.

En Corea hemos descubierto que muchas personas que no estaban dispuestas para el evangelio, llegaron a ser receptivas cuando se presentó alguna necesidad física en su cuerpo o en su familia. En la mayor parte de Corea se sabe bien que Dios está obviamente en acción en nuestra iglesia. No es que tengamos sanidad masiva los domingos. Sino que Dios se mueve para sanar, y la gente difunde la noticia.

El Espíritu Santo está interesado en el asunto

Uno de los ancianos de mi iglesia tenía un hijo paralítico. Había sido un joven bien parecido; pero de repente, sus piernas dejaron de funcionar y tuvo que usar una silla de ruedas. Los médicos no estaban seguros en cuanto a cuál era su problema y le dijeron que su hijo estaría paralítico por el resto de su vida. Durante tres años oré por él y no sucedió nada. Me disgusté con el diablo por afligir al muchacho en la primavera de su vida con esta deformante enfermedad.

— Pastor, ¿por qué estoy enfermo? — me preguntó el muchacho un día en mi oficina —. ¿Qué pecado cometí para que Dios me castigara de esta manera?

Tenía pocas respuestas. Pero le aseguré que no era Dios quien le producía la aflicción.

— Esto es obra de Satanás — le dije —. No vamos a aceptar esta parálisis como una enfermedad definitiva. El diablo es un enemigo derrotado. Por los azotes que Cristo sufrió — le aseguré —, eres sanado.

Esto le dio una esperanza temporal, pero después de un tiempo todos aceptaron la enfermedad, y lo amábamos y aceptábamos con su problema.

A mi esposa y a mí nos gusta estar con nuestros ancianos. Ahora tenemos cincuenta ancianos, y funcionan como una junta de directores de la iglesia, en forma parecida al sistema congregacional presbiteriano. Una noche estábamos reunidos en una cena de compañerismo. Mi esposa y yo estábamos juntos sentados a la mesa y disfrutando de nuestra comida coreana. A los coreanos nos gusta comer juntos. Comemos algunos alimentos que a algunas personas les parecerían picantes, pero eso es una parte importante de nuestra vida social.

El Espíritu Santo me estaba hablando: *¡Dile al anciano Kim que su hijo va a ser sanado esta noche!* Me incliné hacia mi esposa, Gracia, y le dije:

— Acaba de hablarme el Espíritu Santo.

Ella me miró y sonrió. Se le dio un nombre apropiado. Siempre hace todo con mucha gracia.

— ¡Maravilloso! — me dijo, sin saber lo que Dios me había dicho.

— Gracia, el Espíritu Santo me acaba de decir que vaya a hablar con el anciano Kim y le diga que su hijo va a ser sanado por completo esta noche.

Ahora, cuando estas palabras habían salido de mi boca, Gracia no cambió mucho la expresión de su rostro por causa de los que estaban sentados a la mesa. Pero extendió su mano hacia abajo y me pellizcó una pierna, y con una sonrisa mucho más pequeña en su rostro, dijo:

— Yonggi Cho, ¡no te atrevas a hacer eso! ¿Cuántas veces has orado por él? Si eso no ocurre te convertirás en el hazmerreír de toda la comunidad.

Mi esposa por lo general suele tener una fe poderosa en Dios, pero esta vez no había oído la voz. Estaba siendo guiada por su propia razón.

El Espíritu continuaba: *No pongas atención a tu esposa. ¡Ve y dile al anciano Kim que su hijo va a ser sanado esta noche!* La voz se hizo más fuerte, y mi corazón más débil. Tranquilamente traté de salirme del asiento. Pero en ese momento me vio mi esposa y me preguntó:

— ¿A dónde vas?

— A ninguna parte — le respondí débilmente.

Dios sabe que yo no quería obedecer la voz. Me sentí como si estuviese muriendo. Pero he aprendido que es mejor obedecer que preguntarme si debo obedecer. Cuando uno comienza a andar con el Espíritu Santo, la obediencia es muy importante. Si uno desobedece continuamente, la voz se va debilitando hasta que se desvanece y uno se vuelve insensible.

Me incliné hacia la mesa donde estaban sentados el anciano Kim y su esposa. En cierto momento el anciano Kim levantó la mirada hacia mí y me preguntó:

— Pastor, ¿anda algo mal? ¿Por qué me está mirando?

— Dios me acaba de hablar — le dije con fuerza, luego de una respiración profunda —. Me dijo que su hijo va a ser sanado esta noche.

— ¡Alabado sea el Dios vivo! — exclamó el anciano Kim. El y su esposa sencillamente se quedaron en sus asientos llorando. Derramaban lágrimas de gozo. Otros se unieron a ellos en el regocijo. Pero yo no sentía regocijo; yo estaba enfermo.

— ¿Por qué hice eso? — le pregunté a mi esposa.

— Porque no me pusiste atención. Esa es la razón — me respondió.

Siempre tengo una gran fe cuando el Espíritu Santo está sobre mí, pero después que se retira esa presencia especial, mi mente natural se apodera de la situación y deploro haber obedecido al Señor. Sin embargo, he aprendido a no permitir que la razón domine mi corazón. Uno tiene que cuidarse de no ser dirigido por la emoción, sino por el Espíritu Santo.

Cuando el anciano Kim llegó a su casa, esperaba que su hijo estuviera sanado. Sin embargo, su hijo se estaba arrastrando para salir de la cama, pues no podía caminar. Ellos entraron en su cuarto y le anunciaron lo que yo había dicho. Pero el muchacho seguía en el piso incapaz de moverse. Como los padres sabían que yo nunca les hubiera dicho nada que el Señor no me hubiera hablado, tomaron al muchacho por los brazos y lo levantaron, diciéndole: "En el nombre de Jesús, tú sanas esta noche. Dios habló a nuestro pastor, y nosotros creemos que eso es cierto. ¡Anda!" Después de unos pocos minutos, el muchacho comenzó a sentir algo en sus piernas.

Mientras yo estaba en mi cama, preguntándome lo que sucedería el día siguiente, no podía dormir. No estaba preocupado tanto por mi reputación, sino por la integridad de Dios en nuestra ciudad, si no le ocurría nada al muchacho.

En la casa del anciano Kim, el muchacho iba recibiendo nueva fuerza en sus piernas. "Siento una sensación de hormigueo que me sube por las piernas, papá.'' Después de unos pocos minutos, el muchacho comenzó a caminar. Los padres se regocijaron, pero no me telefonearon.

Por la mañana supe que el joven había salido corriendo de la casa, y había comenzado a decir a todos los vecinos lo que le había ocurrido. Todos los budistas y otras personas no cristianas de la ciudad supieron lo que había ocurrido, y se asombraron por el poder de Dios. A partir de entonces, la mayoría de las personas que viven en esa parte de la ciudad han sido salvas a causa del poder sanador de Dios. El reino de Dios se había manifestado en esa comunidad y el pueblo acudió a Cristo.

Dios desea sanar, no para elevar mi reputación, sino para glorificar su nombre. Sin embargo, durante tres años, el muchacho había sufrido. ¿Por qué? No tengo todas las respuestas, ni intento justificar todos los caminos de Dios. Están por completo fuera de mi comprensión. Pero sí sé que Dios puede y quiere sanar, si confiamos en que El cumple su Palabra y somos obedientes a su voz.

Cómo atar a Satanás

Nuestra iglesia cree en la existencia de un diablo real. Creemos que él es más que una personificación del mal. Creemos que es tan real como Jesús. Dios dijo a Moisés: "YO SOY EL QUE SOY. . . yo soy me envió a vosotros.'' Satanás diría: "Yo soy y no soy.'' Si usted no cree en la existencia de Satanás, se coloca en un lugar en que no tiene defensa contra él.

Cuando oramos, hemos aprendido a utilizar la autoridad que nos dio Jesús. El le dijo a Pedro en primer lugar y luego a los demás discípulos: ". . .todo lo que atares en la tierra será atado en los cielos.'' Nuestro pueblo ha aprendido que no estamos luchando contra carne y sangre. Nuestra principal preocupación no son los comunistas en nuestra frontera del norte. Nuestro principal enemigo es el poder que impulsa a los coreanos comunistas del norte. Por lo tanto, atamos el poder de Satanás que obra en nuestra comunidad. Por medio de nuestras oraciones unidas podemos lograr más que lo que puede lograrse por medio de todos los armamentos que están a disposición del mundo libre. Moisés aprendió la importancia de la oración cuando tuvo que mantener sus brazos levantados mientras Israel derrotaba al enemigo. Tenemos el poder y la autoridad porque Cristo nos los dio.

Una iglesia activa y creciente es una congregación de creyentes que saben que están en Cristo. Saben que los cristianos somos más que vencedores. Saben que las armas de nuestra milicia no son carnales ni temporales, sino que son fuertes para la destrucción de las fortalezas del enemigo. No le temen al enemigo, pero están enterados de sus tácticas. Saben que la guerra contra el diablo es real y eso los mantiene sensatos y vigilantes.

Doy gracias al Señor porque la Palabra del reino de Dios no ha caído en oídos sordos en Corea. Tal vez se deba a que hemos pasado por grandes sufrimientos como pueblo. En los últimos cuarenta años hemos sufrido dos guerras. Así que no tomamos con liviandad las promesas de Dios.

La iglesia primitiva también sufrió. Aquellos cristianos fueron perseguidos por el imperio romano. Supieron lo que era morir por la causa de Cristo. Por esta razón Cristo les envió una carta por medio de Juan, cuando este se hallaba en la isla de Patmos. El libro de Apocalipsis asusta a muchas personas que no entienden su mensaje. Pero cuando vemos todo el libro en su contexto, comprendemos que Cristo es el Señor.

Aunque el Anticristo pudiera aparecer pronto, aunque aún pudiera esperarnos mucho sufrimiento, Jesucristo domina todo por completo, y ya ganó su victoria final. Con esta fuerte seguridad del Cristo resucitado, la iglesia primitiva pudo permanecer firme, y ganó por último la victoria sobre los perseguidores. Sí, la iglesia primitiva conquistó los conquistadores. No con carros de guerra ni con caballos, sino con el mensaje del Evangelio del reino de Dios. Roma cayó ante el mundo cristiano, no por aniquilación, sino por conversión. Al final, Roma aceptó el hecho de que Jesús era el Señor, y el César, Constantino, tuvo que doblar sus rodillas ante un Rey superior, el Señor Jesucristo.

El evangelio del reino de Dios debe predicarse con regularidad desde todos los púlpitos del mundo cada semana. Sólo así llegará a emocionarse la gente con respecto al Señor a quien servimos y amamos.

Sí, su iglesia puede crecer, y crecerá, si los pecadores de la comunidad a la cual usted sirve comprenden que el Dios que se adora en su iglesia está vivo y se mueve. El puede satisfacer sus necesidades. La persona que está complacida consigo misma nunca siente necesidad. Sólo aquellos que no comprenden que tienen una gran necesidad pueden actuar con indiferencia hacia nuestro ministerio. Pero cuando las personas necesitan a Cristo toman la posición que les corresponde. Es entonces cuando los individuos reconocen que Dios está obrando en la iglesia y acuden a ver la manifestación del reino de Dios.

6
EL CRECIMIENTO DE LA IGLESIA
Y EL AVIVAMIENTO

¿Qué se entiende por avivamiento? F. Carlton Booth dio una excelente definición de este término:

En muchos casos, el verbo *avivar*, que es traducción del término hebreo *haya*, y del griego *anazao*, tiene el significado literal de *volver de la muerte a la vida.* Aunque este no es su significado, tal palabra tiene una fuerza mayor que la que se le da hoy, pues hemos confundido el avivamiento con la evangelización. La evangelización es la proclamación de las buenas noticias; el avivamiento es una manifestación de nueva vida. En la evangelización, el hombre trabaja para Dios; en el avivamiento, Dios obra de manera soberana a favor del hombre. No es correcto decir que vamos a tener reuniones de avivamiento. Ningún ser humano puede encender el interés, despertar la conciencia de un pueblo, ni generar intensidad en la vida espiritual; no lo puede hacer en un individuo, ni en una comunidad, ni en una iglesia ni en una nación; sólo el Espíritu de Dios puede hacerlo. Ningún hombre puede programar un avivamiento, pues sólo Dios es el dador de la vida. Pero cuando la oscuridad es más tenebrosa, cuando la declinación moral llega a su punto más bajo, cuando la iglesia llega a estar fría, tibia o muerta; si entonces viene el cumplimiento del tiempo y asciende la oración de unos pocos corazones sinceros; "¿No volverás a darnos vida, para que tu pueblo se regocije en ti?" (Salmo 85:6); entonces, según lo enseña la historia, es tiempo para que entre majestuosamente la ola del avivamiento una vez más. El avivamiento implica siempre la predicación del juicio divino, la confesión de pecados, el arrepentimiento, la aceptación de la salvación como un don gratuito, la aceptación de la autoridad de las Escrituras, el gozo y la disciplina de la vida cristiana. Aunque los avivamientos no permanecen, sus efectos perduran para siempre. (*Baker's Dictionary of Theology* — Diccionario teológico de Baker).

Hay que recordar siempre que la iglesia comenzó como una obra soberana del Espíritu Santo. Cuando los ciento veinte seguidores de Jesús esperaban en Jerusalén, no tenían idea de lo que iba a suceder. Estaban juntos, unánimes y esperando que Dios hiciera algo. Entonces el Espíritu Santo hizo lo que nunca antes había ocurrido. Por lo tanto, la iglesia nació en un avivamiento.

El primer fenómeno que acompañó la obra manifiesta del Espíritu Santo en las vidas de los fieles se dio para demostrar a los que estaban fuera del rebaño que Dios estaba realmente obrando en medio de su pueblo. Por tanto, las primeras lenguas que descendieron sobre los discípulos fueron señales para los no creyentes. Así que el propósito de un avivamiento, de una obra de Dios en su pueblo, es el de mostrar al mundo que El está vivo y hacer que oiga las buenas noticias del evangelio de Jesucristo.

Como sucede con mucha frecuencia, aquello que enciende la chispa de la vida divina se asienta en las cenizas de la razón humana. Todos los movimientos comienzan debido a una idea que emociona la gente, pero como sucede con las emociones humanas, la conmoción no puede mantenerse indefinidamente. Durante el desarrollo de un movimiento son atraídos ciertos hombres que tienen la capacidad mental para buscar una explicación racional de la dinámica y desarrollar la ideología que dará perspectiva a lo que sólo fue motivado por un sacudimiento emocional. Cuando llega el momento en que decae la emoción, el movimiento que descuida aquello que le dio origen se asienta en el estudio de su propia ideología. Esto es lo que le ha ocurrido a la iglesia.

El libro de los Hechos no es un libro de teología, sino una historia del primer período de la iglesia de Jesucristo. Este libro nos muestra de manera clara algunos principios del avivamiento.

Todos los avivamientos son obra soberana del Espíritu Santo. Con mucha frecuencia olvidamos a la tercera Persona de la Trinidad. Oramos al Padre en el nombre del Hijo. ¿Pero qué decimos del Espíritu Santo?

La primera vez que se menciona al Espíritu Santo en los Hechos de los Apóstoles, se nos presenta en una de sus más importantes funciones. ". . .hasta el día en que fue recibido arriba, después de haber dado mandamientos por el Espíritu Santo a los apóstoles que había escogido" (Hechos 1:2). El Espíritu Santo es el Espíritu de verdad. El es quien ilumina nuestra mente para que expresemos la verdad de Dios, y también ilumina nuestro corazón para que entendamos la verdad que se proclama.

El Espíritu Santo había venido sobre los profetas, pero nunca había llenado de manera total a nadie antes de Jesús. Ahora Jesús estaba ofreciendo algo que le correspondía dar por derecho exclusivo: el bautismo en el Espíritu Santo. Obviamente, los discípulos no sabían la importancia de lo que Jesús les estaba ofreciendo, pues le preguntaron si restauraría el reino a Israel en ese tiempo. Sin embargo, Jesús continuó indicándoles cuáles serían los efectos del bautismo del Espíritu Santo. ". . .recibiréis poder." Este sería el efecto del hecho de que el Espíritu Santo habría llenado a los discípulos. Este poder capacitaría a los débiles e ineficaces seguidores de Cristo para que fueran testigos poderosos del evangelio. El Espíritu Santo no sólo dio a la iglesia recién fundada un gran poder que pudo atraer la atención de los incrédulos, sino que también pudo quebrantar los prejuicios de la iglesia primitiva.

Mientras la iglesia estaba compuesta de judíos, pudo atraer a muchos otros judíos al conocimiento de Cristo, el Mesías. Pero tan pronto como la iglesia abrió las puertas de la fe a los gentiles, los judíos vacilaron en cuanto a pertenecer a un grupo que haría que ellos fueran menos que los judíos tradicionales. A Pedro se le dio una visión, y el Espíritu Santo le habló. Le ordenó que fuera a la casa de un italiano temeroso de Dios que se llamaba Cornelio. Mientras Pedro hablaba en la casa de Cornelio, el Espíritu Santo obró soberanamente a pesar de los prejuicios de Pedro. Estos gentiles que creyeron fueron también llenos del Espíritu Santo de la misma manera en que Pedro había tenido esta experiencia el día de Pentecostés. Este acontecimiento causó tanto alboroto que Pedro tuvo que defenderse en Jerusalén: "Si Dios, pues, les concedió también el mismo don que a nosotros que hemos creído en el Señor Jesucristo, ¿quién era yo que pudiese estorbar a Dios?" (Hechos 11:17).

De esa manera, la obra soberana del Espíritu Santo pudo abrirse paso a pesar de la actitud de los apóstoles contra los gentiles y abrir la puerta de la fe al resto del mundo no judío. En los dos casos en que Pedro usó las llaves del reino para abrir la puerta de la fe, primero a los judíos y posteriormente a los gentiles, el Espíritu Santo obró soberanamente. Sin embargo, hay otro hecho que debe ser estudiado con respecto a estos dos sucesos. Tanto los discípulos en Jerusalén como los gentiles en casa de Cornelio permanecían en un ambiente de oración ininterrumpida.

La oración es la clave para el avivamiento espiritual. Si el avivamiento es obra soberana del Espíritu Santo, ¿qué es lo que hace que el Espíritu Santo se mueva en los corazones del pueblo de Dios para darles nuevo poder y mayor osadía? La respuesta es sencilla: la oración.

¿Cuántas veces ha pasado usted una noche entera de rodillas delante de Dios? ¿Con cuánta frecuencia ha llamado su iglesia a todos los miembros para un ayuno prolongado y oración? ¿Pudiera ser esta la razón por la cual no está experimentando el avivamiento espiritual en su vida y en su ministerio?

Si es este su problema, ¡anímese! Este capítulo se escribe especialmente para usted. Usted va a sentir un nuevo deseo de orar. Va a comprender que la razón por la que usted no ha sido la clase de cristiano que quería ser es que no ha orado. No espero que usted quiera orar por el hecho de que voy a citar versículos que usted ya conoce. ¡No! Usted va a querer orar por cuanto el Espíritu Santo va a tocar su corazón mientras continúa con oración la lectura de este capítulo.

En el evangelio según Lucas se nos da un gran secreto: "¿Quién de vosotros que tenga un amigo, va a él a medianoche y le dice: Amigo, préstame tres panes, porque un amigo mío ha venido a mí de viaje, y no tengo qué ponerle delante; y aquél, respondiendo desde adentro, le dice: No me molestes; la puerta ya está cerrada, y mis niños están conmigo en cama;

no puedo levantarme, y dártelos? Os digo, que aunque no se levante a dárselos por ser su amigo, sin embargo por su importunidad se levantará y le dará todo lo que necesite. Y yo os digo: Pedid, y se os dará; buscad, y hallaréis; llamad, y se os abrirá" (Lucas 11:5-9). El Señor responderá la oración incesante y será tocado por nuestra importunidad. Es importante entender la dinámica de este pasaje.

En primer lugar, el hombre que solicita los panes es amigo del que los tiene. No debemos acercarnos a Dios como si El fuera un extraño. El es nuestro Padre celestial, y está deseoso de darnos todo lo que necesitamos. Necesitamos un avivamiento en nuestra vida y sobre todo en nuestra iglesia. Estamos cansados de los servicios muertos y de los cultos de oración sin vida que hemos estado teniendo. Necesitamos un despertamiento espiritual. No nos acercamos a Dios como si fuera un extraño, sino como un amigo.

En segundo lugar, no estamos pidiendo para nosotros mismos. El hombre a quien Jesús presenta como ejemplo ha recibido un visitante a una hora avanzada de la noche y no tiene nada que servirle. La hospitalidad oriental exige que se les dé comida a los que llegan a la casa. De igual modo la iglesia es visitada por pecadores hambrientos que necesitan vida espiritual. Asimismo muchas de las alacenas de la iglesia están vacías, y los pecadores salen del edificio de la iglesia vacíos y sin salvación, para no regresar nunca. Nuestra petición a Dios está, pues, justificada; necesitamos el avivamiento por causa de aquellos por quienes Cristo murió, de aquellos que no han hallado el significado de la vida eterna.

En tercer lugar, la hora es avanzada. No hay ninguna otra parte en el mundo donde se pueda hallar seguridad y alimento. Sólo nosotros tenemos la capacidad para satisfacer las necesidades de este mundo.

Si nosotros no lo hacemos, ¿quién lo hará? Si no lo hacemos ahora, ¿cuándo lo haremos? Este es el estado en que se encuentra nuestra sociedad en todo el mundo. Si somos suficientemente sensibles a los asuntos del mundo, podremos entender que la hora está avanzada.

En cuarto lugar, la puerta pudiera estar cerrada, pero puede abrirse. En el corazón del hombre que acude a pedir los tres panes hay la esperanza de que va a recibir una respuesta positiva. El avivamiento es posible para toda iglesia. Usted no tiene que estar en Corea para experimentar el avivamiento. Puede estar en cualquier parte. No hay ningún campo que sea demasiado difícil. Esto lo ilustré en el relato que presenté sobre el Japón. Aunque la puerta parezca estar cerrada ahora, usted tiene que creer que el Dios que está detrás de la puerta, la abrirá, si usted no desmaya, sino que persiste en oración.

Por último, para que alguien persista en la oración, tiene que desarrollarse un intenso deseo. El hombre que salió a buscar los tres panes tenía temor de perder su reputación. Si alguien oía que los visitantes que habían llegado a su hogar no habían sido bien atendidos, hubiera perdido su reputación, y mejor le hubiera sido morir. En el mundo oriental tenemos la expresión "perder la cara". Cuando uno pierde la cara, pierde el honor. Muchos preferirían morir que perder su cara. Puedo entender la desesperación que sentía el hombre. No quería perder su honor. Por lo tanto estaba desesperado. Para que alguien persista en la clase de oración que es necesaria para el avivamiento, tiene que llegar a sentirse desesperado delante de Dios.

Algunas veces, la prosperidad impide que los cristianos se desesperen delante de Dios. En Corea hemos experimentado un gran sufrimiento humano: primero a manos de los japoneses durante muchos años, y luego, a manos de los comunistas. Hemos aprendido a orar, no en la comodidad de nuestras salas de recibo, sino en el campo. De igual modo, los cristianos chinos han aprendido a orar en los bosques y en las selvas, en cuevas y en los sótanos fríos. Si son atrapados, podrían morir por estar orando, pero han aprendido que sin oración no pueden sobrevivir.

Charles Dickens, en su obra *A Tale of Two Cities* (Un cuento de dos ciudades), nos dice que el espíritu de la revolución se manifestó de dos maneras en las culturas francesa e inglesa del comienzo del siglo diecinueve. Este famoso escritor inglés del siglo diecinueve dice que la sangrienta revolución que experimentó Francia se evitó en Inglaterra, no por las diferencias políticas entre las dos naciones, sino por el hecho de que Gran Bretaña experimentó un avivamiento del Espíritu Santo por medio del ministerio de Juan Wesley. Wesley era un sacerdote de la Iglesia Anglicana en el siglo dieciocho. El y su hermano Carlos experimentaron personalmente un despertamiento espiritual. En un tiempo en que tuvo que enfrentarse a la adversidad personal, Juan Wesley cayó de rodillas delante de Dios, y Dios lo tocó de una manera especial. Sus ojos se abrieron para comprender la verdad bíblica de la santificación y de la santidad personal. En 1739, comenzó a compartir lo que el Espíritu Santo le había indicado. Esta nueva comprensión hizo que sufriera una gran persecución junto con otros ministros de la Iglesia Anglicana que habían experimentado el despertamiento espiritual.

Hacia mediados del siglo dieciocho sus enseñanzas se estaban difundiendo en todas las colonias británicas, incluyendo los Estados Unidos de América. La mayoría de los que proclamaban este nuevo método de vida cristiana eran laicos.

El avivamiento wesleyano de Inglaterra produjo tal cambio que se le da el crédito de haber salvado a las masas de una revuelta sangrienta. También estimuló la educación para todo el pueblo y una actitud más humanitaria hacia los pobres. Los historiadores tienen que reconocer la influencia del avivamiento metodista en la actual cultura del mundo occidental.

Hoy, una de las organizaciones eclesiásticas más grandes del mundo es la Iglesia Metodista. Sin embargo, muchos de sus miembros no comprenden cómo se originó el movimiento. Comenzó en medio de la adversidad y creció a causa del avivamiento. En gran parte de la antigua literatura metodista podemos leer acerca de las reuniones o vigilias de oración que duraban toda la noche.

Se puede decir mucho acerca de los avivamientos en Wales, India, la América Latina y los Estados Unidos de América; pero hay un hecho que es constante. Jamás ha ocurrido ningún avivamiento, histórico o moderno, sin que el pueblo de Dios comprenda que tiene que orar. No me refiero a breves oraciones, ni a momentos de oración, ni a palabras de oración. Me refiero a largos períodos de oración coordinada y ayuno delante de Dios. Puedo decir con toda sinceridad que en Corea estamos experimentando un genuino avivamiento. En la actualidad, la iglesia crece cuatro veces más rápidamente que el promedio de natalidad en nuestro país. Esto significa que dentro de veinte años, si el Señor no viene antes, el 80 por ciento de la población será cristiana.

Debemos recordar que Corea fue por tradición una nación budista. No ha sido fácil ganar las almas para Cristo. Es mucho más fácil ganar a un individuo que se ha educado en un ambiente tradicional de cristianismo. Después de todo el Occidente ha estado durante largo tiempo recibiendo el mensaje del evangelio. Sin embargo, en Corea estamos viendo una gran cosecha entre los incrédulos. Están acudiendo al Dios de la Biblia. Esto es una obra auténtica del Espíritu Santo.

Mientras escribo esta página, nuestra iglesia tiene más de 330.000 miembros. Cuando este libro se haya publicado, es posible que la membresía sea de mucho más de 350.000. Aproximadamente 10.000 nuevos convertidos se unen a la iglesia cada mes. ¿No llamaría usted a eso un avivamiento real?

¿Cómo hemos mantenido tan extraordinario crecimiento en nuestra iglesia local? Hay una respuesta real: la oración. Todos los viernes tenemos un culto de oración que dura toda la noche. En sentido literal, no tenemos suficiente espacio para toda la gente que quiere acudir a la oración. Oramos por nuestra nación y por nuestros líderes. Oramos para que el evangelio sea predicado en todo el mundo. Oramos para que regrese nuestro Señor y Salvador Jesucristo. Pedimos que en los Estados Unidos de América y en Japón comience un avivamiento. En realidad, presentamos delante de Dios millares de cartas que nos envían desde nuestras oficinas en Nueva York y Tokio. Cantamos, adoramos y oímos el mensaje de la Palabra de Dios, pero esencialmente oramos. La manera más fácil para que se detenga el avivamiento que ahora experimentamos sería la de cancelar nuestros cultos semanales de oración que duran toda la noche. Pero no tenemos la intención de cancelarlos. Tenemos que orar.

La Montaña de Oración

Hace varios años compramos un lote de terreno de unas veinticuatro hectáreas a sólo unos diez kilómetros de distancia de la frontera con Corea del Norte. Originalmente compramos la tierra para establecer allí el cementerio de nuestra iglesia. Mi suegra, la doctora

Choi, estaba orando y ayunando. De repente, el Señor le habló: *Construyan un lugar especial dedicado a la oración.*

— Tenemos que fomentar una montaña de oración — me dijo ella.

— Este es el tiempo más difícil para nosotros — le respondí —. Estamos en medio de la peor crisis económica que haya habido en la historia de nuestra iglesia.

Ese era mi razonamiento. Pero mi suegra no parecía estar interesada en mi exposición razonada con respecto a posponer el proyecto de la montaña de oración. Yo también tenía una fuerte convicción de que nuestra iglesia necesitaba un lugar al cual ir para concentrarse totalmente en la oración y el ayuno. Así que, sin dinero, comenzamos a fomentar el proyecto de la montaña de oración.

Al principio levantamos una carpa para que la gente se reuniera a orar. Luego construimos en la ladera grutas para la oración. Es decir, pequeñas cuevas cavadas directamente en la tierra, las cuales dotamos de una pequeña estera y una puerta. En estos lugares, las personas podrían encerrarse con Dios para buscarlo, sin ninguna distracción. Después de algún tiempo descubrimos que había tantas personas que querían orar y ayunar que no teníamos espacio suficiente para todas. Entonces construimos un edificio de bloques de cemento capaz de albergar a tres mil personas.

En 1982 contamos la gente que había llegado de todo el mundo a la Montaña de Oración: 630.000 personas. Una de las personas de quien me acuerdo que fue a la Montaña de Oración era una señora que tenía un hijo parálítico.

— Doctor Cho, por favor, ore por mi hijo — me imploró la mujer —. Está completamente lisiado. Sus piernas están deformadas, y ahora está empeorando la parálisis.

— Usted tiene que ir a la Montaña de Oración. Allí será sanado su hijo en siete semanas — le dije.

La señora fue con su hijo, y permaneció allí fielmente durante seis fines de semana, pero nada había ocurrido. El último día de la séptima semana, Dios sanó al joven y ahora está completamente sano. Por todo el país se difundió la noticia de que si alguien necesitaba un milagro especial debía acudir a la Montaña de Oración, donde Dios se mueve. Con esto no estoy diciendo que todo el que acuda a la Montaña de Oración será sanado. Lo que estoy diciendo es que sé que Dios ha sanado allí a muchas personas.

Como líder que soy, tengo que dar ejemplo a mi congregación. Si no oro, ellos no orarán. Tengo mi propia cueva en la Montaña de Oración. Cada vez que tengo un problema para el cual no puedo hallar solución, me retiro a la Montaña de Oración y cierro con llave la puerta. A veces necesito horas para sacar todas las cosas que hay en mi mente. La mejor manera de hacer esto consiste en decir todo al Señor. He aprendido a ser sincero con Dios.

Si alguien me ha perjudicado, le digo eso a Dios.

No hace mucho, un hombre quería destruir mi ministerio. Envió espías a la iglesia para oír mi predicación. Domingo tras domingo, acudía a oír cada palabra que yo decía, con la esperanza de atraparme en alguna exageración. Todo testimonio que yo daba, él lo estudiaba con detenimiento. Un día hablé sobre la importancia de honrar a nuestros padres. Este tema tenía particular importancia para nuestros cristianos orientales, debido a nuestros antecedentes confucianos. Confucio enseñó un sistema de ética, no una religión. Su ética es aún popular en el Oriente. Una de sus enseñanzas más importantes se refería a honrar a nuestros antepasados. En algunas partes de Asia, la gente adora aún a sus antepasados. El cristianismo no puede ser aceptado por muchos por cuanto no enseña cuál es la posición de los antepasados de uno. Entonces presenté lo que la Biblia enseña: que debemos honrar a nuestros padres. Esto no significa adorarlos, sino sencillamente tenerlos en alta estima. Dios no sólo quería que los honráramos mientras ellos estuvieran vivos; así que podíamos suponer que no era pecado honrarlos aún después que ellos hubieran pasado a la gloria. Abraham era aún tenido en alta estima como padre de la fe.

Para el espía, esta era la munición que estaba buscando. Me acusó públicamente de ser un falso maestro y de enseñar idolatría. Esta acusación llegó a los periódicos y se me lanzó al centro de una controversia. Algunos me aconsejaron que lo demandara ante un tribunal, pero pensé que debía ir a la Montaña de Oración. Allí le conté al Señor toda la historia. Le dije a Dios que me sentía airado y lo que quería hacer.

Después de pasar varias horas en oración, oí que Dios me decía que perdonara al hombre. Así que lo perdoné. ¿Quería yo perdonarlo? Sí. ¿Por qué? Porque Dios había puesto en mí el perdón. Esto no ocurrió de inmediato. El Señor necesitó horas para sanar mi corazón de toda herida y amargura, pero finalmente sentí que el perdón me llegó al corazón, y sinceramente pude perdonar al hombre.

Como usted ve, fui sanado en la Montaña de Oración. Sí, fui sanado de una enfermedad peor que la parálisis. Mi corazón fue sanado de amargura. Cuando hablo a mi pueblo sobre lo que Dios ha hecho a mi favor en la Montaña de Oración, eso estimula a otros para ir y conseguir que sean solucionadas sus necesidades.

¿Por qué deben diez mil personas orar y ayunar en

la Montaña de Oración? ¿No pueden ver televisión o ir a comer en los buenos restaurantes? Estoy convencido de que muchas personas han hecho esta pregunta. Los coreanos somos sencillamente como las demás personas. Nos encanta disfrutar de una buena comida en un restaurante y tenemos muchos de los mejores restaurantes del mundo. Tenemos televisión y radio. De hecho, Seúl es ahora una de las más bellas y modernas ciudades del mundo.

Ahora que nos estamos preparando para los Juegos Olímpicos, que se realizarán en 1988, hay un florecimiento de construcciones en toda la ciudad de Seúl. De manera que la gente no va a la Montaña de Oración porque no tiene otra cosa que hacer. Van porque creen que Dios está allí para satisfacer sus necesidades. Esto no significa que Dios no puede responder las oraciones en cualquier parte. Ese no es el asunto. Dios está en todas partes. Pero no siempre se puede hallar un lugar que ha sido dedicado a Dios, donde uno puede estar a solas con Dios, y a la vez saber que está unido con otros millares de personas que han dedicado su tiempo de manera total a buscar a Dios.

La gente tiene que ser motivada. La Montaña de Oración estaría vacía hoy, si yo no hiciera hincapié en la importancia de orar de manera regular. De modo que, si usted acudiera a uno de nuestros seminarios del movimiento Crecimiento de la Iglesia Internacional en Corea, también vería nuestro nuevo auditorio con asientos para diez mil personas lleno de individuos que están buscando a Dios. Nuestros pisos tienen calefacción, de modo que usted pudiera colocar su esterilla en el piso y orar con todos los demás. Estoy seguro de que, después de eso, usted nunca volvería a ser el mismo. También vería usted cómo se presentan delante de Dios los millares de peticiones que son traducidas al coreano. De hecho, no sé que haya algunas peticiones por las cuales se haya orado más que por las que nos han sido enviadas de nuestras oficinas en Nueva York.

Ahora que tenemos millares de personas que están acostumbradas a ir a la Montaña de Oración, puedo encomendarles que oren por ciertas peticiones especiales. Por ejemplo, cuando fue herido el Presidente Ronald Reagan, encomendé a todos los cristianos que oraran por él día y noche. Nos sentimos muy complacidos cuando recibí una llamada telefónica de nuestra oficina en Nueva York, mediante la cual se nos informó que el presidente sobreviviría.

También oramos con respecto a la guerra que ocurrió en el Líbano. Creí que Dios intervendría y detendría el derramamientno de sangre innecesario entre los libaneses. Oramos para que comience un avivamiento en la iglesia allí. En vista de todo lo que ha sufrido el Líbano durante los últimos ocho años, esa nación está lista para recibir un avivamiento del Espíritu Santo, al estilo antiguo, que la sane de toda la amargura del pasado y haga que sus hombres y mujeres se vuelvan por millares a Dios.

Durante los últimos dos años hemos estado orando por el Japón. Con nuestro propio programa de televisión podemos llegar a setenta millones de japoneses. En la Montaña de Oración oramos continuamente para que se produzca un avivamiento en la iglesia del Japón. Estoy seguro de que pronto vamos a ver una gran obra del Espíritu Santo allí. Usted tendrá que comprender que para mí fue muy difícil ir a Japón. Después de saber que los japoneses asesinaron a millones de personas antes de 1945, sentía un gran odio hacia el pueblo japonés. Sin embargo, cuando confesé ese pecado, Dios sano mi corazón. Ahora viajo todos los meses al Japón.

Esta es la hora para un avivamiento en su iglesia. Su comunidad nunca volverá a ser la misma. La gente va a ver que el Espíritu Santo está obrando en su iglesia, y va a ser atraído por el espíritu de amor que esté emanando de cada miembro de la iglesia. Sinceramente creo que Dios lo guió a usted para que leyera este capítulo, por cuanto ahora está recibiendo un nuevo deseo de comenzar a orar como nunca antes. Sin importar por cuantos años usted ha sido cristiano, lo cierto es que ha necesitado este nuevo deseo de orar. También está obteniendo usted una nueva visión sobre la manera como la iglesia puede comenzar a orar y ayunar de manera regular. ¿Cómo sé esto? Por el hecho de que estoy orando mientras escribo este capítulo.

¿Cómo oro yo?

Ya me he referido a varios principios en este libro, pero ahora, le voy a ofrecer a usted mis siete principios básicos para la oración.

1. Esté quieto delante de Dios

Por experiencia personal, el salmista escribió en el Salmo 46:10: "Estad quietos, y conoced que yo soy Dios." Tenemos que reconocer que Dios no nos ha dado una opción sino un mandamiento. Desafortunadamente, la mayor parte de nuestra oración sin experiencia consiste en hablarle a Dios. No hay nada malo en esto. De hecho, es una buena manera para llegar a estar uno quieto delante de Dios. Como dije antes, he aprendido a decir a Dios todas las cosas que están molestándome. Esto me permite desahogarme y estar quieto delante de El. También debemos recordar que la oración es un diálogo, no un monólogo. Por lo tanto, cuando oramos, debemos esperar oír, y no sólo hablar. Dios no es autor de confusión sino de paz. Dios habla mejor cuando hay una actitud de paz.

2. Entre en comunión con el Espíritu Santo

Ya hemos echado una mirada al capítulo 2 de 1 Corintios. Hemos visto que el Espíritu Santo conoce la mente de Dios. El está facultado para tomar un espíritu quieto y ponerlo en comunión con Dios, y para revelarnos el plan de Dios. Esto es cierto tanto en lo específico como en la dirección general por la cual Dios quiere conducirnos.

Comienzo hablando directamente al Espíritu Santo. Digo: "Querido Espíritu Santo, necesito saber lo que mi Padre quiere que yo haga. Abre, por favor, mi espíritu en este momento e indícame lo que El quiere mostrarme para que yo haga. Abre, por favor, mi espíritu en este momento e indícame lo que El quiere mostrarme para que yo glorifique a mi Salvador Jesucristo." Y continúo: "Te amo, Santo Espíritu. Tú me hiciste nacer en el cuerpo de Cristo. Tú me llenaste. Me diste tus dones para que sirva de bendición a este mundo. Querido Espíritu Santo, indícame lo que necesito saber."

Un día se me presentó un problema. Alguien me había preguntado dónde era la residencia de Dios. ¿Era en el cielo? Respondí que sí. ¿Pero dónde está el cielo? En Australia se mira hacia arriba para ver el cielo, pero en Alaska se mira hacia abajo. Debo admitir que en ese momento no tenía la respuesta. Así que el siguiente domingo dije a mi congregación: "El próximo domingo les daré la dirección de Dios." Todos quedaron contentos. Así que me marché a mi gruta de oración, y esperé que mi espíritu estuviera quieto delante de Dios. Luego, comencé a experimentar la comunión con el Espíritu Santo. Al fin y al cabo, El lo sabe todo. Al continuar en oración, el Espíritu Santo me dio la respuesta. No pude esperar hasta el domingo siguiente. Me presenté ante mi pueblo y les dije: "Hoy les voy a dar la dirección de Dios." Todos sacaron lápices y papel, y se quedaron mirándome. "¡La dirección de Dios está en ustedes!" Mientras continué predicando, el pueblo recibió bendición al comprender la realidad de que la presencia de Dios mora en nosotros.

3. Desarrolle sus visiones y sueños

He afirmado antes que es importante tener una visión de Dios. Esto es particularmente importante en la oración. Hace poco oí a un siquiatra que decía que la mente subconsciente se afecta principalmente por medio de la imaginación. Si una persona ve algo, eso afectará mucho más su mente subconsciente que el solo hecho de oírla. Por esta razón, tenemos muchos ejemplos de personas que oran mientras ven alguna cosa. Cuando Daniel estuvo interesado en el futuro de su nación, oró con su rostro hacia Jerusalén. A Juan, cuando estuvo en Patmos, se le dijo que viera lo que Dios habría de revelarle. Estoy seguro de que Juan se sentó a la orilla de las aguas de Patmos, desde donde casi se pueden ver las costas de Efeso. La revelación que Dios le dio comenzó poniendo de manifiesto la condición de las iglesias que habían estado bajo su cuidado antes que Roma lo desterrara a la isla de Patmos. José tuvo una visión antes de llegar a ver la realidad. Abraham tuvo que mirar algo mientras Dios le hacía las promesas. Miró la tierra que heredaría, y esa imagen permaneció en su corazón.

Llegó a estar lleno de esa visión hasta que se convirtió en realidad.

Una mujer se me acercó y me dijo:

— Doctor Cho, por favor, ore por mi hijo que no es cristiano. Tiene una vida muy pecaminosa. He orado durante años, y no sucede nada.

— Váyase a la casa — le dije —, y mientras ora para

que él sea salvo, comience a verlo como si fuera cristiano. Sí, represénteselo mentalmente de la manera como él actuaría y parecería si fuera un creyente en Cristo. Después de varias semanas, la misma señora me dijo que le había sido difícil comenzar a orar por su hijo de la manera que le indiqué. Pero luego cambió su actitud y comenzó a verlo como si fuera cristiano. Ella imaginaba que él estaba con ella en la iglesia. Lo representó yendo con ella a la iglesia. Lo imaginó leyendo la Biblia y orando. Después se sintió tan feliz con esta nueva visión que tenía de su hijo que se le olvidó seguir orando por él, y comenzó a dar gracias a Dios por haberlo salvado.

No mucho tiempo después que comenzó a dar gracias a Dios por la salvación de su hijo, él le pidió a ella que fuera con él a la iglesia. Ese domingo entregó su corazón al Señor, y aún está sirviendo a Dios.

Un hombre de mi iglesia tenía un negocio que estaba fracasando. Acudió a mi oficina y me pidió que orara por su negocio.

— No sé lo que está marchando mal, pastor — me dijo con lágrimas —. Doy los diezmos con regularidad. Doy algo a los pobres y trato de practicar la vida cristiana. Pero mi panadería está fracasando. No me gustaría declararme en quiebra porque eso no sería un buen testimonio para la comunidad. He dado el testimonio de Cristo a muchísimos de mis clientes. Así que, si fracaso, se reirán de mi Jesús — me dijo mientras seguía apretando su pañuelo con gran dolor.

Después de orar por él, le enseñé el principio de las visiones y los sueños.

— Regrese a su panadería, señor Ho — le dije —, y comience a ver el éxito de ella. Comience a contar el dinero en la caja registradora vacía, y mire a toda la gente que está en fila afuera para entrar en su tienda que esta atestada de compradores.

Después de decirle eso, volví a orar y lo despaché. Al salir, me miró un poco desconcertado, pero de todos modos hizo la prueba.

En sólo dos meses regresó sonriente el señor Ho a mi oficina.

— Doctor Cho, funcionó. No entendí lo que usted me dijo. Pensé que usted estaba loco, pero usted es un hombre de Dios, y creo que se debe obedecer al pastor. Mi esposa y yo tenemos un cheque para dar a la iglesia.

Asombrado, miré el cheque por mil dólares. Era su diezmo.

4. En sus circunstancias, asuma usted la autoridad sobre el diablo

Usted tiene que recordar que está sentado con Cristo en los lugares celestiales. Pablo nos dice que el trono de Cristo está muy por encima de todos los principados y potestades. Usted tiene el derecho de recibir la respuesta de sus oraciones. El diablo no puede meterse en los asuntos de usted. Pero como es un engañador, tratará de ocupar territorio que legítimamente no le pertenece. Por lo tanto, asuma usted la autoridad legítima que le corresponde en el nombre de Jesús, y reprenda al diablo. El tiene que huir de las circunstancias de usted.

5. Mantenga un registro exacto de las peticiones que usted presenta delante de Dios

Sepa cuando oró, por qué oró, y escríbalo. De este modo, usted no tendrá que depender de su memoria. Usted también puede mantener delante de Dios las oraciones que no le ha contestado, y recordarle lo que aún necesita hacerse. Le garantizo que usted alabará a Dios por las respuestas una vez que comprenda que le han sido contestadas numerosas oraciones. Oramos con mucha frecuencia, pero se nos olvida qué fue lo que pedimos. Cuando llega la respuesta, no nos damos cuenta de la fidelidad de Dios.

6. Alabe a Dios con anticipación

Recuerde que Dios llama las cosas que no son como si fueran. Dios nos ve, a usted y a mí, como cristianos completos en Cristo. A pesar de nuestras faltas, y de todos nuestros pensamientos pecaminosos, Dios se regocija sobre nosotros con cánticos. "Jehová está en medio de ti, poderoso, él salvará; se gozará sobre ti con alegría, callará de amor, se regocijará sobre ti con cánticos" (Sofonías 3:17).

Simplemente me puedo imaginar al poderoso Dios del universo cantando sobre usted y sobre mí. Ahora bien, si Dios puede vernos como cristianos completos en Cristo, ¿por qué no podemos ver ya la obra completa de Dios? Por lo tanto, nosotros nos regocijamos, aun antes que la respuesta de Dios sea obvia.

7. Ore sin cesar

¿Cómo puedo pastorear una iglesia tan grande, viajar por todo el mundo, escribir libros, cumplir un ministerio por televisión en dos continentes y aun así orar todo el tiempo? ¿Por qué no? ¿Qué es la oración si no comunión?

A través de los años he aprendido a colocar mi espíritu en la dirección adecuada. Puedo encontrarme en un banquete, rodeado de muchas personas, y aun así tener mi ser interior colocado hacia arriba. Le digo al Señor cada día: "Querido Señor, tengo que ir a este banquete con mi esposa. Estaré en compañerismo con muchas personas. Pero en cualquier momento, estaré dispuesto a apartarme para estar contigo. Por el solo hecho de que yo esté ocupado, no vaciles en llamarme aparte. Por favor, Señor, estoy en actitud de oración, aunque esté muy ocupado."

Pienso que nuestro Señor aprecia esa clase de

consideración. Jesús estuvo constantemente en comunión con su Padre. Nunca dijo nada a menos que lo oyera decir a su Padre. Nunca hizo nada que no viera hacer a su Padre. Por lo tanto, es posible estar constantemente dispuesto a escuchar al Padre.

He compartido con usted los siete principios que uso en mi oración personal porque deseo que usted también desarrolle una vida de oración. Si ya disfruta de una vida de oración, sé que no se ha molestado porque le haya dicho esto. Si no practica una vida de oración, es tiempo de que comience ahora.

El avivamiento espiritual nunca vendrá a su vida ni a su ministerio, si usted no ora. Su pueblo jamás comenzará a orar, si usted no ora.

"Oh Espíritu Santo, el avivamiento espiritual viene de Ti. Envía un avivamiento que empiece conmigo. Como tu Palabra declara que Tu suplirás lo que necesitemos, te suplico humildemente, oh Señor, por esa bendición ahora." Estas palabras describen la actitud que Dios desea que todos tengamos hacia el avivamiento espiritual.

La planificación de un avivamiento espiritual

En este importante capítulo que trata sobre el crecimiento de la iglesia y el avivamiento espiritual, he hecho hincapié en la importancia de comprender este avivamiento, de orar para que se produzca y de perseverar en él. Ahora necesito tratar el importante tema de la planificación de un avivamiento espiritual. ¿Por qué hay que planificar? Hay una respuesta sencilla. Dios nunca ha hecho nada sin un plan definido. Cuando instruyó a Moisés con respecto al tabernáculo, le dio planes claros. El templo se construyó según el plan preciso que Dios había dado. La iglesia primitiva creció según el plan de Dios. Sí, desde la creación del universo hasta la salvación de nuestras almas, Dios ha seguido un plan claro. Por lo tanto, ¿por qué hemos de desarrollar nuestra iglesia local sin un plan claro?

¿Cómo podemos planificar un avivamiento espiritual?

Ya dije que el avivamiento espiritual es obra soberana del Espíritu Santo. Usted no puede planificarlo. Pero en un avivamiento espiritual tiene que haber un plan.

Estoy dando por sentado que usted cree que Dios va a producir una nueva obra del Espíritu Santo en su vida y en su iglesia. ¿Por qué debería orar usted, si no cree que Dios responderá? Pero si usted cree que Dios le va a contestar sus oraciones, y que el avivamiento espiritual va a llegar a su iglesia, entonces espere que centenares y millares de almas sean añadidas a su congregación. Ahora surge una pregunta lógica. ¿Qué va a hacer usted con centenares y millares de nuevos convertidos? ¿Cómo va a cuidarlos? ¿Dónde se van a sentar? ¿Qué clase de programa de preparación se ha desarrollado con el fin de hacer que estos nuevos convertidos se motiven y se prepararen para alcanzar a otros? Se plantea entonces el problema: Muchas iglesias están pidiendo algo sin estar preparadas para dirigirlo.

El hecho de que Dios haga algo soberanamente no significa que va a mantenerlo sin la cooperación de usted. Recuerde que Dios lo ha escogido como instrumento en su comunidad. Usted debe estar preparado para recibir las respuestas que Dios dé a sus oraciones a favor de un avivamiento espiritual.

Por qué hasta ahora no hemos planificado

Por tradición, los predicadores evangélicos no han planificado con cuidado el crecimiento de sus iglesias. ¿Qué le sucedería al gobierno si no tuviere un plan ni un presupuesto? Lo cierto es que lo relacionado con la iglesia se ha manejado de tal modo que se pueda asegurar la ausencia de crecimiento.

Deseo que regrese nuestro Señor Jesucristo. Creo que El viene pronto. Trabajo día y noche con la esperanza de que, cuando Jesús regrese, me halle trabajando fielmente en su viña. Pero también comprendo que los cristianos fieles han estado esperando el regreso de Cristo durante casi dos mil años. El no ha venido. Esto significa que el Señor no regresará hasta que se produzcan en el mundo las condiciones adecuadas. Según nos lo dice Mateo, Jesús afirmó que el Evangelio del reino tendría que ser predicado a todo el mundo, como claro testimonio, antes que venga el fin del mundo. Esto significa que el Señor no regresará a menos que se haya dado la oportunidad a todos los hombres en todas partes de aceptar o rechazar el señorío de Jesucristo. Puesto que el 80 por ciento de todos los que nunca han oído el Evangelio viven en Asia, me siento particularmente desafiado por dicha declaración que se halla en Mateo 24. Creo que los pastores que no planifican porque piensan que El Señor ya viene, desobedecen el mandamiento del mismo Señor. Lucas registra el mandamiento que Cristo dio a sus discípulos: "Y llamando a diez siervos suyos, les dio diez minas, y les dijo: Negociad entre tanto que vengo" (Lucas 19:13).

El verbo griego *pragmateomai,* que se tradujo "negociad" en este caso, según *The Theological Dictionary of the New Testament* (Diccionario teológico del Nuevo Testamento), de Kittel, en el Nuevo Testamento sólo se usa en este versículo en particular. Tal palabra significa en sentido literal *hacer negocios, obtener ganancia.* No es un verbo pasivo, sino activo. En el griego clásico, la palabra se usó para hacer referencia a los prestamistas de dinero. Este mandamiento nos da a entender la actitud que el Señor espera que tengamos aquí en la tierra hasta que El regrese. Me parece interesante el hecho de que la palabra *pragmático* tenga su raíz etimológica en esta palabra griega que acabamos de considerar.

Por tanto, nuestra actitud, según el mandamiento de nuestro Señor, debe ser la misma de un antiguo prestamista de dinero. Debemos estar interesados en lograr ganancias para el reino de Dios hasta que el Señor regrese. Se nos ha dado el capital: el Evangelio del reino de Dios. Conocemos el mercado: los corazones de los hombres pecadores. Tenemos un banco seguro: la Iglesia de Jesucristo. Por tanto, debemos ver un crecimiento. Sin embargo, para solidificar nuestro crecimiento y asegurar un continuo funcionamiento del capital, necesitamos planificar con mucho cuidado.

Otra razón que explica la falta de planificación es el hecho de que muchos pastores no tienen una fe realista.

En algunas mentes, la fe es una entidad surrealista, de naturaleza etérea. Es decir, se sale de los límites de nuestra experiencia. Esto es similar al concepto que Kant tenía del conocimiento. Soy también un hombre muy práctico. Comprendo que para lograr de la mejor manera el propósito para el cual Dios me ha llamado, tengo que ejercer una fe práctica. En Hebreos se nos dice que la fe es substancial. Jesús también describió la fe como personal. "Conforme a vuestra fe os sea hecho" (Mateo 9:29).

Pablo nos dice qua a cada uno de nosotros se nos concede la fe en cierta medida (Romanos 12:3). Por lo tanto, descubrimos que, cuando oramos, tenemos que hacerlo con la medida de fe que se nos ha concedido específicamente.

Por ejemplo, si usted tiene una iglesia de trescientos miembros, no comience a pedir un crecimiento de diez mil miembros. Usted no tiene la experiencia, ni ha experimentado la obra interior del Espíritu Santo, para manejar una responsabilidad tan grande. Esto no significa que, dentro de unos pocos años, usted no podrá tener esa clase de fe; lo que quiere decir es que, en este momento, usted tiene que esforzarse por algo que esté dentro de su alcance práctico. Comience a orar por una congregación de mil miembros. ¿Estoy limitando a Dios? No. Dios no puede ser limitado. Pero entiendo que Dios desea obrar por medio de usted, y usted tiene que comprender cuál es la capacidad de su fe actual.

Establezca metas realistas

Pongamos por ejemplo a un pastor que tiene una congregación de trescientos miembros. Debe establecer una meta definida de mil miembros. Debe presentar tal meta delante del Padre, y comenzar a insistir en lograrla. Tiene que obsesionarse con la idea de los mil miembros. Cuando predica el domingo debe ver mil miembros delante de sí. Cuando haya logrado eso, está listo para comenzar la planificación.

La preparación de líderes

Tiene usted ahora delante de sí a los futuros líderes. El único problema es que usted no los ha reconocido. Observe a los hombres y a las mujeres que son fieles en la asistencia todos los domingos. Ya están manifestando una importante cualidad de su futuro liderazgo: la fidelidad.

En la mayoría de las congregaciones, por lo general unas pocas personas hacen la mayor parte del trabajo. Estas personas pueden estar ya ocupadas, pero cuando usted quiere que algo se haga, siempre están dispuestas a hacer algo más. Estos son líderes que se están formando.

No cometa usted el error común de convocar a la

gente de su iglesia que tenga más éxito en el mundo de los negocios para solicitarles que se conviertan en líderes. A menudo las personas que tienen más éxito en los negocios no estarían dispuestas a dedicar su tiempo a la obra de la iglesia. Esto no significa que Dios no usa a la gente que tiene éxito, sino que la lección de estos individuos debe basarse en que ellos ya estén manifestando las cualidades antes mencionadas.

Comparta su visión y su meta con estos líderes potenciales. Haga que ellos comiencen a orar junto con usted a favor de un avivamiento espiritual. Dé a cada uno de ellos alguna responsabilidad especial relacionada con el futuro crecimiento de la iglesia. Un aspecto de esta responsabilidad consiste en hacer que cada uno de ellos ore por algún aspecto específico de la iglesia. Por ejemplo, usted va a necesitar edificios más grandes para acomodar a la gente. También necesitará un presupuesto mayor. Comience a hablar con ellos sobre la importancia de desarrollar un sistema de grupos hogareños. Aun más importante, inculque en ellos un deseo ardiente a favor de la salvación de las almas perdidas.

Uno de los problemas que usted tendrá que enfrentar será a la carencia general de un genuino deseo de ganar almas. Hemos desarrollado el antiguo concepto de que la gente sale a la esquina de la calle y reparte folletos a todos los que pasan. Esto no está mal, si Dios nos dirige a repartir tratados o a predicar en la esquina de una calle. Sin embargo, a causa del crecimiento de las sectas religiosas, muchas personas se vuelven aprensivas con respecto a la distribución de materiales religiosos en la calle. Los líderes de la iglesia pudieran vacilar con respecto a hacer tal tipo de evangelización.

Hay otro problema que es el siguiente: La mayoría de las personas que trabajan activamente en una iglesia buscan grupos con los cuales tener compañerismo, con el objeto de ser más espirituales. Esto significa que ellos no se afanan demasiado por ganar almas, si esto les va a impedir el crecimiento en el Señor.

Una de las verdades que usted debe instilar en los futuros líderes es la de que la manera de llegar a ser uno más espiritual no consiste sólo en leer la Biblia y tener compañerismo con otros creyentes en Cristo. No. La manera más eficaz para llegar a ser más espiritual consiste en convertirse en padre o madre en el Señor. Si usted es padre de familia, entiende esto de inmediato. Recuerde cuando le vino el primer hijo. Usted se hizo responsable por otro ser humano. Usted descubrió que sencillamente maduró casi de la noche a la mañana. Ahora usted no podía estar preocupado sólo por usted mismo. Tuvo que aprender a dar como nunca antes. Esto también les ocurre a aquellos que llegan a ser padres espirituales. Usted descubre que tiene que estudiar más porque ahora hay alguien que depende de la enseñanza suya. Tiene que orar más, pues debe tener respuestas para las preguntas interminables del nuevo convertido. También llega una nueva frescura y emoción a su experiencia espiritual, por cuanto tiene una comprensión del nuevo nacimiento experimentado por otro.

Tan pronto como su pueblo entienda que uno de sus mejores intereses consiste en conducir almas a Cristo, usted descubrirá que hay muchos genuinos ganadores de almas. He descubierto un principio sencillo en la vida. Nadie se sentirá motivado a hacer nada a lo largo de un período prolongado a menos que piense que conviene a sus mejores intereses. Por tanto, no trato de luchar contra lo que es natural en todos los hombres. Sencillamente, uso este principio para la gloria de Dios.

Haga un plan a largo plazo

Después que usted haga, junto con sus líderes fieles, un detenido estudio con oración, necesita presentar ante su pueblo un plan a largo plazo. Esto no debiera caerle de sorpresa a nadie. Usted ha debido estar fomentando el interés todo el tiempo en su congregación. Sus sermones han debido tener un propósito definido. Usted ha debido estar fomentando una emoción creciente con respecto al futuro. Ahora llega el tiempo para establecer el plan.

¿Qué período debiera cubrir el plan? Suelo presentar a mi gente un plan quincenal.

En 1979 les presenté una meta clara de medio millón de miembros para el año 1984. Sabía que esa era la voluntad de Dios. Todos habíamos orado y considerado con mucho cuidado el plan durante largo tiempo. En ese entonces, nuestra iglesia sólo tenía 125.000 miembros. El plan fue dividido en varias partes. En 1980, llegaríamos a 150.000 miembros. En 1982 tendríamos 200.000 y en 1983 tendríamos 300.000. Durante ese año completaríamos la construcción de nuestros nuevos edificios, y tendríamos espacio para sentar treinta mil personas en nuestro santuario principal, y otras treinta mil en nuestras numerosas capillas que están unidas a nuestro santuario principal mediante un circuito cerrado de televisión. Así podríamos tener en cada servicio sesenta mil personas. Al continuar con los siete servicios que tenemos cada domingo, podrían sentarse unas 420.000 personas al fin de 1983. En 1984 agregaríamos otras instalaciones auxiliares, con lo cual obtendríamos una capacidad para medio millón de personas. Ahora ya puedo decir que, en el momento en que termine de escribir este manuscrito (1983), tendremos trescientos mil miembros. Nuestro programa de construcción continúa tal como fue planificado y, en todo caso estamos adelantados.

Todos saben hacia dónde vamos. Estamos formando una iglesia de medio millón de miembros. ¿Nos detendremos cuando lleguemos a ese número? Por supuesto que no. Pero sólo estoy interesado en la meta y en el plan que Dios ha colocado delante de mí. Si El tiene una meta más grande, eso nos lo indicará más tarde. Hay un antiguo proverbio chino que dice: "Un viaje de mil seiscientos kilómetros comienza con el primer paso."

Hay que elaborar un presupuesto

La mayoría de las iglesias tienen un presupuesto. Prevén cuáles han de ser sus gastos que van a tener, y luego qué tendrá que aportar cada miembro de la iglesia para pagar los gastos. El dinero se obtiene por medio de solicitudes o mediante promesas que se hacen en una función especial para levantar fondos. Sin embargo, creo en hacer el presupuesto por fe.

Si Dios va a derramar su Espíritu Santo sobre su iglesia para producir avivamiento espiritual, usted puede esperar que va a tener nuevas almas. Con los miembros adicionales que usted espera, necesitará más personas y edificios más grandes. Por tanto, si Dios le ha dado a usted una meta clara en relación con el número de miembros que espera, tiene que hacer un presupuesto que satisfaga las necesidades mayores de una congregación creciente. Necesitará más aulas para la escuela dominical. Necesitará más espacio para oficinas, y así sucesivamente.

Por tanto, usted necesita presupuestar con fe. Confíe en que Dios le indicará la cantidad que se necesitará para hacer frente a las necesidades de un ministerio que va en expansión. Creo que Dios tiene todo el dinero que necesitamos para cumplir su plan.

Tan pronto como su congregación deje de considerar que las ofrendas para la iglesia son un impuesto espiritual, verá usted que su gente comienza a dar con fe. Tan pronto como la congregación capte la visión que usted tiene, querrá participar en el cumplimiento de esa visión. Con el paso del tiempo, la congregación más grande podrá sostener la carga aumentada del presupuesto creciente de la iglesia. Pero, tal como sucede en una comunidad que crece, usted tiene que planificar su economía teniendo en cuenta los factores realistas del crecimiento.

En nuestra iglesia hay una oficina donde tenemos nuestras representaciones gráficas. Tenemos un gráfico que indica el crecimiento de la membresía. En otro se indica el crecimiento de los fondos. Con una mirada puedo ver si estamos en el punto indicado o si vamos adelantados. A causa de la reciente recesión nos hemos quedado un poco atrás en nuestras metas, pero esto sólo hizo que oráramos más y ahora Dios nos está enviando los fondos planificados.

El reino de Dios no es inferior al reino de este mundo. Jesús dijo: ". . .los hijos de este siglo son más sagaces en el trato con sus semejantes que los hijos de luz" (Lucas 16:8).

Si todas las corporaciones grandes y los gobiernos tienen planes y presupuestos a largo plazo, ¿pueden los hijos de luz funcionar de una manera menos sistemática?

Se nos ha encomendado el desarrollo más importante del mundo. La iglesia de Jesucristo no es un instrumento secundario para salvar a este mundo. Es el primer instrumento de Dios. De hecho, Dios no tiene un segundo plan. Dios sólo tiene un plan: la Iglesia de Jesucristo. Por tanto, nos toca a nosotros planificar de manera clara y eficaz el gran avivamiento que está a punto de llegar a nuestro mundo.

Las presiones del avivamiento

Por último, creo que una de las cosas más importantes que puedo decir en este capítulo, acerca del avivamiento espiritual, es indicar la manera de hacer frente a las presiones que tal fenómeno trae consigo. Si comprendiera la gran presión que vendrá sobre usted tan pronto como este llegue a su iglesia, tal vez dejaría de orar para que se produzca el avivamiento espiritual. Sin embargo, Dios ha colocado en usted el gran deseo de que el Espíritu Santo se mueva en su vida y en su iglesia, y usted no se detendrá. En vista de que tengo veinticinco años de experiencia como pastor, creo que no puedo hacer otra cosa que ayudarle a usted para que evite los errores que he cometido. Me consuela el hecho de que una cosa es cometer errores y otra muy diferente es aprender de ellos. Lo que he aprendido lo he logrado de manera difícil.

Hay muchos aspectos que pudiera enfocar relacionados con este importante tema; pero sólo quiero concentrarme de manera breve en cinco de ellos.

1. El avivamiento espiritual y las presiones sobre las relaciones familiares. La familia de usted es el grupo más importante en su vida y en su ministerio. Descubro que mi esposa es la clave, ya sea de mi éxito o de mi fracaso. Las motivaciones de las mujeres son distintas de las de los hombres. La mayoría de los hombres son motivados por su trabajo, pero la mayoría de las mujeres son motivadas por sus relaciones. Para ellas, la más importante es la relación marital con su esposo. Aunque en la sociedad moderna muchas mujeres tienen que trabajar y adquirir alguna carrera a fin de que la familia pueda sobrevivir económicamente, ellas se motivan más por sus relaciones que por sus empleos. Esto se descubrió en una

encuesta realizada el año pasado en los Estados Unidos de América. Creo que esto es real en todo el mundo.

Cuando llegue a su iglesia el avivamiento espiritual, usted verá un incremento de almas convertidas. Se añadirán muchos miembros a la iglesia. Entonces se demandará de usted más esfuerzo que ahora.

El libro de los Hechos nos señala el comienzo de un gran avivamiento. Pedro vio a tres mil personas que aceptaron a Cristo como resultado de su primer sermón. Más tarde, otros cinco mil individuos se unieron a la iglesia. Era tanto el entusiasmo espiritual que la gente estaba dispuesta a vender sus posesiones y compartir el producto de sus ventas con todos los miembros de esta nueva unidad familiar: la iglesia. Sin embargo, después de algún tiempo, surgió una gran discusión entre las mujeres gentiles griegas y las mujeres judías de la iglesia. Lo que quiero decir es que, mientras la energía y la emoción del avivamiento espiritual estuvieron fervientes, las personas estaban dispuestas a pasar por alto los prejuicios y problemas que tenían. Pero tan pronto como decayó el fervor, estos problemas afloraron y causaron gran perturbación.

He descubierto que el hecho de que se demande de mí gran parte de mi tiempo no debe impedir que mantenga una íntima relación con mi esposa. Ella debe estar en primer lugar. Una manera de lograr esto consiste en tenerla trabajando conmigo. Mi esposa dirige el programa musical de nuestra iglesia. Ha adquirido dos títulos académicos en música y es muy competente.

Gracia es también directora de nuestra casa de publicaciones. Se encarga del aspecto administrativo de todos nuestros libros. También viaja conmigo cuando voy a campañas y conferencias importantes. Ella es parte vital de mi ministerio. Eva fue creada como una ayuda idónea para Adán. De modo que, cuando la esposa siente que es parte de lo que hace su marido, estará dispuesta a tomar sobre sí las indecibles presiones que un avivamiento espiritual trae consigo. Lo hará sin quejarse. Los hijos no odiarán la obra que separó a su padre de ellos. Algunas veces, esta actitud latente aflora en los últimos años y hace que ellos evadan la participación en la iglesia.

¿Cuál es la solución para este problema?

La respuesta está sencillamente en aprender a presupuestar el tiempo de manera eficaz. Establezca usted prioridades en relación con su tiempo. Después de su relación con Dios, la primera prioridad es la familia. Luego vienen las responsabilidades de la iglesia.

2. Hay que mantener una actitud adecuada y disciplinada. Hacer frente al éxito es tan difícil como hacer frente al fracaso; pero es mucho más poderosa la presión del éxito sobre nuestros caracteres. El fracaso hace que el hombre piense en lo que hizo mal, y luego haga las correcciones necesarias para que no se repita el mismo error. El éxito centra nuestra atención en los aspectos positivos del trabajo. Nos trae aplausos de los demás. Algunas veces nos hace pensar que por alguna razón somos personas especiales; que tal vez estamos más allá de las normas que Dios aplica a los demás. Esto impone una terrible presión sobre los fundamentos de nuestra integridad. Por esta razón, dediqué la primera parte de este libro a destacar la importancia de desarrollar los recursos personales.

Por lo tanto, en un avivamiento espiritual, es sumamente importante que cuidemos nuestra vida personal en el aspecto moral. Tenemos que estar atentos a las señales de deslizamiento moral. No debemos apartarnos de nuestros viejos amigos que están dispuestos a manifestar su desacuerdo con nosotros y a decirnos cuando piensan que estamos cometiendo algún error. Es un error rodearnos de personas que siempre están de acuerdo con nosotros. Eso fue lo que le ocurrió al rey Saúl. Cuando él mismo se consideraba pequeño, el Señor lo hizo rey; pero, cuando se llenó de orgullo, el Señor le quitó el reino y se lo dio a otro.

3. Hay que mantener un espíritu de perdón. A medida que vea que el número de miembros de su iglesia crece, verá también que aumentan los problemas. La gente es la que causa los problemas de la iglesia. Cuanto más grande sea la iglesia, tantos más problemas habrá que enfrentar. Usted no puede complacer siempre a todo el mundo. Si dedica su tiempo a tratar de agradar al Señor y andar en la paz del Espíritu Santo, entonces, con el tiempo complacerá a los miembros de la iglesia que también estén de acuerdo con el Espíritu Santo. Cuanto más popular sea usted, tanto más expuesto estará a que otros lo hagan objeto de una crítica especial. Por tanto, usted descubrirá que la amargura y la ira tratan de arraigarse en su corazón. Recuerde que el corazón es el sitio por el cual el diablo trata de comenzar a destruirlo. Si la actitud de su corazón comienza a agriarse, usted verá cómo su salud y su fortaleza física también comienzan a fallar.

La mejor manera de combatir este problema consiste en practicar el perdón. Perdone usted a todo aquel que lo ofenda, bien le pida perdón o no. Recuerde que Cristo perdonó a la humanidad en la cruz del Calvario, aunque no se levantó ni una voz para pedir perdón.

Nací en una época difícil de la historia coreana. No éramos una nación. Estábamos bajo la autoridad tiránica del Japón. Millones de coreanos fueron llevados al Japón, contra su voluntad, como esclavos. Ni siquiera se nos permitía hablar la lengua coreana. De modo que, cuando niño, crecí con odio hacia los japoneses.

Hace ocho años, el Espíritu Santo comenzó a hablarme acerca del Japón. Le dije al Señor: "Querido Señor, sé que mi actitud hacia el pueblo japonés no es correcta, pero no puedo evitar lo que siento." Sin embargo, el Señor tuvo un método especial para sanarme. Fui invitado a predicar a un grupo de pastores japoneses.

Al llegar a Japón, me sentí muy incómodo. Este era el país que nos había quitado el nombre y la lengua, había maltratado a nuestros patriotas, había quemado nuestras iglesias y había asesinado a los cristianos que habían sido fieles a su religión y a la nación. Cuando me presenté a hablar, traté de decir algo agradable acerca del Japón, pero no pude. Comencé a llorar. Un profundo silencio se apoderó de los pastores que estaban en el auditorio. Luego levanté mis ojos y confesé lo que sentía.

"Tengo que confesar que los odio a todos ustedes. No los odio personalmente, pero odio el hecho de que ustedes son japoneses. Sé que esto es malo, pero sinceramente esto es lo que siento. ¿No quieren ustedes perdonarme, por favor? Me arrepiento de mi pecado, y les ruego a ustedes que oren por mí."

Habiendo dicho estas palabras, sencillamente incliné la cabeza y comencé a llorar de manera audible. Cuando levanté los ojos, vi que todos los pastores estaban también llorando. Después de unos pocos minutos, uno de los pastores se puso de pie y me dijo: "Doctor Cho, nosotros como japoneses asumimos la completa responsabilidad de los pecados que cometieron nuestros padres. ¿Quiere usted perdonarnos, por favor?" Entonces bajé de la plataforma y abracé al hombre que acababa de hablar. "Sí, los perdono, y prometo orar por ustedes y por el Japón." Instantáneamente me sentí sano de la amargura que había sentido desde niño. Estaba libre.

Dios me ha dado ahora una promesa: que diez millones de japoneses van a ser salvos en la década que comenzó en 1980. Ahora viajo todos los meses a Japón. Cumplo allí un ministerio nacional por televisión. Confío en que Dios enviará un gran avivamiento espiritual que se difunda por todo el país. Vi que todo esto sucedía por el hecho de que le pedí a Dios que me quitara la amargura.

4. Hay que practicar la moderación. Con el éxito del crecimiento de la iglesia viene la gran tentación de pensar que uno tiene tanto éxito como un hombre de negocios, y entonces tratar de vivir en una condición similar a los demás con los cuales uno mantiene relaciones por cuanto también tienen éxito. El dinero puede ser el obstáculo más grande que impide el crecimiento de la iglesia que ha recibido el avivamiento. He aprendido a abstenerme de la simple apariencia del mal. Constantemente recibo sobres llenos de dinero. Ni siquiera los abro. Inmediatamente los entrego a la secretaria de la iglesia, quien entrega el dinero al tesorero. No acepto que se me entregue personalmente ningún dinero en recompensa por ninguna clase de ministerio. Doy todo a la iglesia. De este modo no pueden acusarme de que tomo dinero de la gente para orar por ella.

También practico una vida moderadamente cómoda. Mi esposa y yo tenemos todo lo que necesitamos, pero no tenemos un estilo de vida que en alguna forma impida la eficacia de mi ministerio. Esto no significa que no creemos en la prosperidad. Sí creemos. Pero creo más en la continua eficacia de mi ministerio para la iglesia, para la nación y para el mundo.

5. Uno debe evitar el desarrollar una actitud sectaria. Como líderes de la iglesia, no siempre recordamos

que no estamos compitiendo con los pastores de otras iglesias, sino que estamos en una lucha a muerte contra el diablo y a favor de las almas de los hombres perdidos. No podemos tener un espíritu exclusivista, sino un espíritu de amor y cooperación con las demás iglesias de la comunidad. Este mismo año resulta ser un perfecto ejemplo de la manera como todos tenemos que trabajar juntos en nuestra ciudad de Seúl, Corea. En 1982, nuestra iglesia pasó de 200.000 a 300.000 miembros. Sin embargo, dimos 15.000 nuevos convertidos a otras iglesias. Luego, comenzamos otras dos iglesias en Seúl, y les dimos cinco mil miembros para que comenzaran. Tenemos buenas relaciones con los presbiterianos, con los metodistas y con otras iglesias de nuestra comunidad. Aunque constituimos la iglesia más grande, no somos la única iglesia de la ciudad. ¡Y desde luego yo no soy el único pastor de la ciudad!

El mundo necesita ver que nos amamos los unos a los otros. Necesita ver que Cristo sólo tiene un cuerpo, y que ese cuerpo no está dividido. La gente no creerá jamás nuestro mensaje, si no percibe nuestro amor.

Este es el último gran movimiento del Espíritu Santo antes que Cristo regrese. Yo creo eso. Creo que el hincapié está ahora en la iglesia local. Las necesidades del mundo van a ser satisfechas por los siervos de Dios y el laicado en trabajo conjunto para la evangelización del mundo. El avivamiento espiritual tiene que llegar a la iglesia local a fin de que la iglesia esté lista para la gran tarea que Cristo le encomendó. ¿Está usted listo para sobrellevar las presiones que traerá consigo el despertamiento espiritual?

Si usted contesta positivamente, eso quiere decir que confía en que la gracia de Dios lo guiará hacia lo que viene.

7
EL CRECIMIENTO DE LA IGLESIA
INTERNACIONALMENTE

En mi mente no hay dudas acerca del nuevo hincapié que el Espíritu Santo ha dado al tema del crecimiento de la iglesia. El movimiento Crecimiento de la Iglesia Internacional no es una organización eclesiástica, ni un movimiento limitado a algún tipo particular de iglesia. Es una organización creada para atender las necesidades de todos los líderes de la iglesia en todo el mundo.

Hace años, mientras regresaba de un viaje de conferencias en Europa, el Espíritu Santo habló a mi corazón: "Regresa a tu casa e inicia una nueva organización dedicada a destacar el crecimiento de la iglesia." Empecé a presentar excusas: "Señor, ¿cómo es posible? Soy coreano. ¿Quién me pondrá atención?" Así reaccioné, sorprendido ante el llamamiento de Dios.

"Padre, todas las organizaciones grandes comienzan en los Estados Unidos de América. Ellos tienen pastores de mucho talento. Yo soy del tercer mundo." De repente me encontré con temor en mi corazón al enfrentarme a este nuevo desafío. Miré por la ventanilla del avión a reacción de la compañía aérea

Lufthansa, y me pregunté cómo podría comenzar otra organización y aun así mantener mi activo programa como pastor de una iglesia que para entonces tenía 50.000 miembros. Pero las palabras siguieron resonando en mi corazón: "Desarrolla un centro de preparación en la iglesia. La gente vendrá de todo el mundo para ver por sí misma el crecimiento de la iglesia."

Puse fin al asunto diciéndole al Señor: "Padre, necesitamos un edificio en la isla Yoido (donde está nuestra iglesia), y eso va a costar mucho. Si el próximo domingo, cuando comparta esta nueva visión, la gente responde con promesas y donativos que lleguen a un millón de dólares, entonces sabré que realmente quieres que edifique un centro para el crecimiento de la iglesia en Corea."

Conté esta visión a nuestros líderes y estuvimos de acuerdo en presentarla a la gente. Ese domingo solicitamos ofrendas y promesas para la construcción de un Centro de Misión Mundial. Después del último servicio, el tesorero de nuestra iglesia entró en mi oficina con una sonrisa. "Pastor, hemos recibido promesas y donativos que totalizan exactamente un millón de dólares." Dios había hablado y había confirmado su palabra al dar los recursos necesarios para comenzar la construcción de nuestro nuevo edificio.

El Señor también envió de regreso a un misionero norteamericano que me había ayudado antes. Trabajó conmigo hasta el año pasado, cuando el doctor Il Suk Cha asumió la responsabilidad como coordinador del movimiento Crecimiento de la Iglesia Internacional. Para mí fue una bendición ver que mi antiguo amigo y anciano de la iglesia, asumiera esta nueva responsabilidad de manera voluntaria. Como trajo consigo muchos años de experiencia en los negocios y un sincero deseo de evangelizar al mundo, está organizando el movimiento Crecimiento de la Iglesia Internacional como un instrumento eficaz para el crecimiento de la iglesia.

El movimiento Crecimiento de la Iglesia Internacional no sólo tiene la responsabilidad de desarrollar las sesiones de preparación en Corea, sino también la organización de conferencias sobre crecimiento de la iglesia en todo el mundo.

Hace dos años, en diciembre, fuimos invitados a la Ciudad de México. El reverendo Daniel Ost, estadista misionero y pastor de tres grandes iglesias mexicanas fue quien me invitó. El comité ejecutivo estaba presidido por un pastor presbiteriano, y lo componían representantes de la mayor parte de iglesias evangélicas de México. Cuando aterricé en Ciudad de México, inmediatamente me sentí en casa. Sentí el espíritu de avivamiento espiritual en la atmósfera de esta ciudad que es una de las más grandes del mundo. En realidad, la Ciudad de México tiene ahora una población de más de diecisiete millones de habitantes.

Cuando me acercaba a la plataforma, me sentía tan cansando del viaje que le dije al reverendo Ost, quien era mi intérprete: "Daniel, no podré hablar más de treinta minutos. Estoy realmente cansado." Sin embargo, cuando vi el salón de baile del Hotel México atestado con más de diez mil líderes cristianos, cuando vi el entusiasmo que tenían, su profundo amor hacia Jesús y su gran hospitalidad latinoamericana, ¡hallé nuevas fuerzas para hablar durante dos horas!

Llegaron pastores de doce países, principalmente de la América Latina. Acudieron con una expectación que he hallado en pocos lugares del mundo. La verdad es que ahora amo mucho al pueblo mexicano. Ellos son muy cordiales. Me amaron, aunque yo era muy diferente de ellos. Pero lo más importante fue que acudieron a las sesiones de enseñanza con una actitud de fe y expectación. Aún estamos recibiendo informes de México con respecto a los efectos duraderos de nuestra conferencia ofrecida a nombre del movimiento Crecimiento de la Iglesia Internacional. Creo sinceramente que ha tenido un efecto profundo y duradero en la evangelización latinoamericana.

Con los problemas económicos que han surgido en México, el tiempo es oportuno para un gran movimiento del Espíritu Santo. Ya hay pastores que están desarrollando sus iglesias en torno al sistema de grupos hogareños. Han captado la visión de la oración y del avivamiento espiritual y están trabajando para satisfacer las necesidades del pueblo. Esta es la hora para que el Espíritu Santo visite a México. Por tanto, estamos orando por esta importante y gran nación.

El liderazgo del movimiento Crecimiento de la Iglesia Internacional

Este movimiento está guiado y dirigido por un consejo consultivo internacional que está integrado por pastores que han tenido éxito. Son hombres que han demostrado ser útiles en los ministerios que han desempeñado y están interesados en dedicar su tiempo y energía a buscar la manera de que los principios sobre crecimiento de la iglesia se enseñen en todo el mundo. También me ayudan a recaudar los fondos necesarios para continuar estas conferencias en todo el mundo. De hecho, estamos desarrollando un registro de miembros de la organización Crecimiento de la Iglesia Internacional, el cual está compuesto de pastores y laicos, a fin de que en forma unida se extiendan a los países que no tienen con qué pagar los gastos de una de estas conferencias.

En nuestra convención anual celebrada el año pasado en Australia, decidimos concentrar nuestras enseñanzas en los países más necesitados. Sin excepción, la respuesta es siempre positiva. Pero no hemos podido llegar a muchos países por falta de fondos. "Por qué usted no levanta ofrendas en Corea para estas necesidades? Con mucha frecuencia se me ha hecho esta pregunta. Por causa de las estrictas regulaciones monetarias, no se puede sacar dinero de Corea en sumas significativas. Tenemos que depender del país anfitrión y de aquellos que están captando la visión del crecimiento de la iglesia en el mundo desarrollado.

Deseo ir a los países que nos han enviado súplicas conmovedoras en solicitud de ayuda. La India nos ha implorado que vayamos y tengamos allí una conferencia del movimiento Crecimiento de la Iglesia Internacional. Fácilmente podríamos lograr que allí asistieran a la conferencia unos cien mil pastores y líderes de las iglesias. Pero en la actualidad no tenemos fondos. Tengo toda la esperanza y la confianza de que Dios está supliendo los recursos necesarios para extendernos hacia países como la India, las islas del Caribe y los países de Africa que nos han invitado.

La dirección de la organización Crecimiento de la Iglesia Internacional

He recibido la guía del Espíritu Santo con respecto a las manifestaciones del reino de Dios en esta tierra. La iglesia ha de ser avivada antes de la segunda venida del Señor. Aunque se ha de producir una apostasía, esta es la poda del árbol, no el corte de las ramas vivientes. La poda tiene como propósito producir nueva vida. Mientras vemos que muchas iglesias están vacías, muchos púlpitos sin predicador por causa de la falta de interés en el ministerio, hay una vida nueva que se está desarrollando. Las iglesias que están predicando verdaderamente el evangelio del Señor Jesucristo con el poder del

Espíritu Santo se están reavivando.

Para que la iglesia cumpla su misión sobre la tierra necesita tocar todo sector de la sociedad. Tiene que cumplir un ministerio para los gobernantes y también para los campesinos. Tiene que presentarse como ejemplo de la justicia y la misericordia. Tiene que satisfacer las necesidades humanas y físicas de la gente, al tratar de salvar sus almas. Para que la iglesia cumpla esta gran meta debe tener dirección. La iglesia necesita saber hacia donde va y en qué forma va a llegar allá. Necesita permitir que el mundo sepa que no nos rendimos ante él; que, aunque el dios de este siglo está trabajando, nosotros hemos hecho un nuevo compromiso para alcanzar a la comunidad creyente de una manera más amplia.

Nuestro plan para extendernos a las naciones

Nuestra organización Crecimiento de la Iglesia Internacional se reúne actualmente con líderes cristianos evangélicos de todas partes del mundo. Nuestro plan es sencillo.

1. Determinamos cuál ha de ser la composición general del comité nacional organizador. Deseamos tocar a toda la iglesia y no a sólo un segmento de ella. No somos de naturaleza sectaria, sino que deseamos trabajar con las personas que estén genuinamente interesadas en la evangelización y en el crecimiento de la iglesia. Nos aseguramos de que el comité se componga de miembros respetados y representativos de las iglesias evangélicas en esa nación. Creemos que los principios que he explicado en este libro son eficaces para cualquiera iglesia que crea. Por lo tanto, no queremos limitar la conferencia a alguna organización eclesiástica en particular.

2. Luego trabajamos estrechamente con el comité local de líderes de las iglesias para tener el cuidado de

que todos los arreglos se hagan con fe. En febrero de 1982 fuimos a las Filipinas. Se me había dicho que aquella conferencia sería la peor de todas las del movimiento Crecimiento de la Iglesia Internacional. No había suficiente dinero. No hubo suficiente tiempo para planificar con cuidado. Sin embargo, nuestra gente, que había trabajado con un comité local presidido por el obispo metodista Castro, había hecho planes con fe. Habían alquilado el auditorio más grande que encontraron, con capacidad para treinta mil personas sentadas.

Aunque algunos de mis consejeros más íntimos me habían advertido que era mejor que cancelara la conferencia, estaba convencido de que había oído la voz de Dios. Así que no me sorprendí cuando vi los resultados de la conferencia que celebramos en Manila. Cuando el avión aterrizó en el aeropuerto, nuestra comitiva fue recibida por una delegación en la cual había representantes del gobierno. Inmediatamente fuimos escoltados hacia un transporte provisto por el gobierno y hasta el hotel donde nos hospedamos. De hecho, cada vez que viajamos hacia alguna parte en las Filipinas, se nos proveía un policía motociclista. Se inscribieron cinco mil pastores y líderes cristianos para asistir al seminario completo.

Por la noche, el auditorio se llenaba de gente. Prediqué el evangelio todas las noches, y cada noche invitaba a la gente para que recibiera a Cristo como su Salvador personal. Durante esa conferencia, un total de ocho mil personas tomaron la decisión de recibir a Jesucristo. El gobierno se manifestó tan receptivo con respecto a nuestro hincapié en el crecimiento de la iglesia que nos ofreció un almuerzo oficial. El presidente Marcos nos dio las gracias por haber visitado a Filipinas. Reconoció la importancia de la iglesia en su país. Dijo que era la organización más eficaz que está introduciendo una era de renovación social y espiritual en su país.

Durante la semana que pasamos en Manila, vimos cómo el poder de Dios tocó a todo el liderazgo de la iglesia de la nación. Ellos salieron de los seminarios con una nueva confianza y con la esperanza de que la iglesia ha de crecer.

3. Se escogen conferenciantes que puedan hablar tanto desde el punto de vista de la experiencia como desde el punto de vista de la teoría acerca del crecimiento de la iglesia. Les debo gratitud a los numerosos pastores que han viajado por su propia cuenta para enseñar los principios del crecimiento de la iglesia en nuestras conferencias. El pastor Thomas F. Reid, pastor de una iglesia en Buffalo, Nueva York, Estados Unidos de América, ha enseñado junto conmigo en muchas conferencias sobre el crecimiento de la iglesia.

Como el pastor Reid ha puesto en práctica en su propia iglesia de Orchard Park, los principios que he explicado en este libro, habla por experiencia propia. Las reuniones de sus grupos hogareños han sido la clave de su éxito. Uno de sus grupos estaba dirigido por un judío convertido, a quien el doctor Reid había preparado. El grupo comenzó a extenderse hacia la comunidad judía en la zona de Buffalo. Pronto se dieron cuenta de la necesidad de comprar su propio local, y compraron lo que había sido una funeraria judía. Ahora, los viernes por la noche, muchos judíos que creen en Cristo se reúnen para compartir la nueva fe que tienen en su Mesías. También se movilizan para tratar de ganar a otros judíos para Cristo. El grupo es aún una parte vital de la iglesia madre, pero ellos han seguido el principio de la homogeneidad, el cual ha demostrado mucho éxito.

Uno de sus grupos se ha comprometido a alcanzar al necesitado centro de la población de Buffalo. Ellos han desarrollado un ministerio creciente hacia esa parte de la ciudad que otras iglesias han descuidado. Estas personas que antes eran pobres, ahora tienen una nueva esperanza. Tal vez su condición económica no cambie aún de una manera conmovedora, pero han descubierto que la pobreza es un estado de la mente, y no del balance en el talonario de cheques. Como cristianos, no podemos ser pobres. Somos hijos del Rey. Aunque tal vez no tengamos todos los bienes del mundo, somos herederos con Cristo, de todas las riquezas del Padre. Tan pronto como cambie su actitud mental y la imagen que tienen de sí mismos, su condición material también comenzará a cambiar.

4. Se escogen temas prácticos. Creo que los líderes cristianos de todas partes están interesados en respuestas prácticas para sus problemas. No están muy interesados en la teoría; quieren respuestas que sean eficaces; y que estas respuestas las den personas que hayan probado tales respuestas en la experiencia real. Por tanto, los temas que enseñamos son de naturaleza muy práctica.

En uno de los seminarios en que participé en los Estados Unidos de América, comencé las conferencias con la siguiente pregunta: "¿Cómo van a convencer ustedes a los miembros de su iglesia de que necesitan cambiar su actual manera de pensar y moverse en otro sentido?" Inmediatamente pude ver el interés en los rostros de las personas presentes. Los hombres y las mujeres que se habían inscrito para asistir a la conferencia habían viajado muchos kilómetros con el objeto de buscar una nueva dirección para sus ministerios. Después de sentarse para participar en los seminarios y en las sesiones de preguntas y respuestas, se sintieron emocionados con respecto al crecimiento de la iglesia en sus propias congregaciones. Estoy seguro de que, durante la noche, muchos de ellos se habían preocupado con respecto a la manera como ellos iban a proponer estas nuevas ideas a las directivas de sus propias iglesias. Mi pregunta había encendido ya un intenso interés.

Luego les hablé durante dos horas sobre la manera como debían motivar prácticamente a su gente. Usé muchos ejemplos tomados de lo que ha sucedido en mi propia iglesia y también de los que les ha ocurrido a algunos de los pastores que han tenido más éxito en todo el mundo. Nosotros mantenemos nuestras reuniones preparadas para hacer frente a las necesidades prácticas de los líderes evangélicos.

5. Siempre trabajamos por medio de la iglesia local. Aunque para mí sería mucho más fácil y práctico realizar nuestras reuniones con un conjunto de personas que podríamos enviar con anticipación a fin de que tratara de conseguir la cooperación de las iglesias locales, siempre trabajo por medio de la iglesia local. Con esto no estoy criticando el ministerio de muchos de los grandes predicadores que llegan a una ciudad con su propia organización, la cual patrocina las reuniones. Creo que el pastor y el predicador evangelista tienen que trabajar conjuntamente en pro de la gran meta de la evangelización del mundo. Si los evangelistas esperaran la cooperación de los pastores en algunas comunidades, nunca predicarían en ellas. Desafortunadamente, muchas iglesias se hallan aún compitiendo las unas con las otras y no han captado la visión del crecimiento de la iglesia. Sin embargo, como pastor con un ministerio dirigido hacia el desarrollo del cuerpo de Cristo, tengo que trabajar a través de la iglesia local. Esto mantiene mi integridad con los líderes de la iglesia local y hace que sea más eficaz la obra de nuestro movimiento Crecimiento de la Iglesia Internacional.

6. ¿Cómo se financia la organización Crecimiento

de la Iglesia Internacional? Toda organización religiosa tiene hoy su programa para levantar fondos, o así parece. La última recesión económica le ha dado un duro golpe financiero al mundo, del cual no han escapado los grupos religiosos. Sin embargo, nuestra esperanza y confianza está en el Señor del pueblo, no en el pueblo del Señor. No obstante, para que nuestro movimiento sobreviva fuera de Corea necesitamos levantar fondos para cubrir un presupuesto considerable.

Cuando realizamos nuestras actividades en países económicamente desarrollados, por lo general levantamos una ofrenda de amor a favor del movimiento Crecimiento de la Iglesia Internacional, la que nos ayuda a financiar nuestro programa de extensión hacia el mundo subdesarrollado. Las iglesias de esta parte del mundo están en la mayor necesidad.

Tan pronto como el ministerio que cumplimos por televisión en los Estados Unidos de América comience a pagarse por sí mismo, recaudaremos fondos misioneros para llegar al mundo entero con el mensaje relacionado con el crecimiento de la iglesia. Esta es la única esperanza que tiene el mundo. La iglesia local tiene que revitalizarse, tener un ministerio reavivado a fin de que alguna vez alcancemos de manera eficaz a este mundo para Cristo. Personalmente he dedicado mis recursos a este fin, y ahora, Dios está reuniendo con nosotros a muchas iglesias y hombres de negocios, con los propósitos que ya he explicado.

Dios nos ha dado miembros para el movimiento Crecimiento de la Iglesia Internacional en Singapur, en Europa y en los Estados Unidos de América. Están captando una nueva visión. Aunque el grupo apenas está ahora comenzando a crecer, sus miembros están dedicados a una meta: la evangelización del mundo.

7. Otro recurso para nuestra organización está

constituido por nuestras publicaciones. Hasta el año pasado, nuestra revista misionera se llamaba *World of Faith* (Mundo de fe). Ahora se llama *Church Growth* (Crecimiento de la iglesia), y se publica trimestralmente. En esta publicación continuamos presentando principios eficaces para el crecimiento de la iglesia. Publicamos con regularidad, en todas las ediciones, artículos escritos por pastores que han tenido éxito. Estos explican su propia perspectiva sobre el crecimiento de la iglesia. Un rasgo importante en toda edición está constituido por los informes procedentes de todo el mundo que indican lo que Dios está haciendo por medio de la organización Crecimiento de la Iglesia Internacional. La revista se publica actualmente en inglés, pero esperamos publicar ediciones en otros idiomas también.

Publicamos esta revista en Corea con la ayuda de un personal dedicado a esta labor. Una de las secciones más populares de dicha revista es un informe actualizado sobre el progreso de la Iglesia Central del Evangelio Completo.

8. Los efectos del movimiento Crecimiento de la Iglesia Internacional. Por medio del ministerio de esta organización hemos visto que un número significativo de iglesias han llegado a ser, en sentido literal, más eficaces en la labor de penetrar en sus comunidades con el mensaje del evangelio de Cristo. Hace poco, el pastor Robert Tilton, del norte de Dallas, Texas, Estados Unidos de América, me contó su propia historia. El pastor Tilton es miembro de la junta directiva para programas de televisión de nuestro movimiento Crecimiento de la Iglesia Internacional en los Estados Unidos. El apoya fuertemente nuestro ministerio.

Hace pocos años, el pastor Tilton y su esposa se mudaron a un suburbio de Dallas con la visión de establecer una iglesia que sirviera a las necesidades de esa gran ciudad. Conocí al pastor Tilton hace dos años, y descubrí que era un hombre de visión. En sólo unos pocos años, ha formado una iglesia que tiene una congregación de siete mil miembros. Su programa de televisión, Estrella Matutina, está ya inscrito en varias agencias de distribución de programas de televisión en todos los Estados Unidos de América. Tan pronto como el pastor Tilton captó la visión del crecimiento de la iglesia, comenzó a marchar con este programa. Ahora ha desarrollado seiscientos grupos hogareños en toda la ciudad de Dallas. Actualmente, los miembros de esta iglesia se hallan en un programa de construcción que pronto será terminado. El edificio tendrá capacidad para cinco mil personas.

El pastor Stanley, de la Primera Iglesia Bautista de Atlanta, Georgia, vino a Corea hace dos años con su pastor asociado. No me di cuenta de que el doctor Stanley era un líder notable de la Iglesia Bautista del Sur en los Estados Unidos. Cuando vino a Corea, mantuvo un perfil bajo. Sencillamente dijo: "Venimos a orar y a aprender.'' Me impresionó la humildad y la amabilidad del doctor Stanley. Sin embargo, al regresar a la bella ciudad de Atlanta, comenzó a poner en práctica los principios que había aprendido en Seúl sobre el crecimiento de la iglesia. Los resultados son muy impresionantes. Durante los dos últimos años, su iglesia se duplicó en número de asistentes. Este es un logro notable, aun en conformidad con las normas bautistas.

Van Nuys, California, es un sitio bello de los Estados Unidos de América. El doctor Jess Moody pastorea la Primera Iglesia Bautista de esa ciudad. El pastor Moody había tenido mucho éxito como pastor de una iglesia en Palm Beach, Florida, cuando el Señor lo llamó a esta nueva iglesia en California. La iglesia había estado pasando por algunas dificultades y, como consecuencia, la asistencia había bajado mucho. El doctor Moody comenzó a buscar la dirección del Señor para su nueva iglesia. Por medio de mucha oración, el Espíritu Santo habló al corazón del doctor Moody y le insinuó que buscara la manera de conocer nuestro ministerio. Desde entonces llegamos a ser íntimos amigos. El doctor Moody es miembro de la Junta Consultiva del movimiento Crecimiento de la Iglesia Internacional.

Por medio del sistema de grupos hogareños, su congregación ha crecido hasta convertirse en una de las más grandes de California. Pero la visión de ellos no se detiene allí. El doctor Moody cree en tocar la vida de cada persona de esa gran iglesia. Por ese motivo estableció el sistema de grupos hogareños. Ahora, los líderes de los grupos están compartiendo individualmente el amor de Cristo tanto a las estrellas del cine como a la clase trabajadora de Van Nuys.

Tenemos el deseo de tocar las iglesias de las organizaciones eclesiásticas de cualquier nombre que deseen evangelizar a sus comunidades y así crecer de manera dinámica.

Los resultados son iguales, ya sea en los Estados Unidos de América, en la América Latina o en Europa. El movimiento Crecimiento de la Iglesia Internacional está siendo usado por Dios de manera más eficaz que lo que jamás imaginé. Tal vez tuve una visión demasiado reducida; pero ahora tengo una visión mayor. Mi visión se aumentó por medio de la campaña que realizamos en Singapur el año pasado.

Singapur es uno de los lugares más bellos del mundo. En los últimos años, la prosperidad ha llegado a esta isla. El país es esencialmente de origen chino, pero también hay una gran población de indios y europeos.

El año pasado, los hombres de negocios más sobresalientes recibieron una visión del Espíritu Santo. Decidieron patrocinar una campaña nacional para predicar el mensaje del evangelio a todo Singapur. Alquilaron el estadio de fútbol, que tiene capacidad para setenta mil personas. Un solo hombre de negocios, el señor Wy Wy Wong, pagó todos los anuncios en todos los periódicos del país. El comité encargado de la campaña estuvo compuesto por pastores, profesionales y hombres de negocios. Estos hombres y mujeres tenían una cosa en común: el ardiente deseo de que se manifestara un avivamiento espiritual en Singapur, país que sólo tiene un pequeño porcentaje de cristianos.

Noche tras noche, durante cinco días seguidos, la lluvia cayó a torrentes. Pero cuando llegaban las seis de la tarde, el firmamento estaba despejado y podían reunirse las grandes multitudes para oír el mensaje del evangelio.

Me asombró el número total de personas que pasaron adelante para manifestar así que aceptaban a Cristo como Salvador personal. Yo repetía cada noche: "Por favor, pasen sólo los que quieren aceptar a Cristo como su Salvador personal por primera vez en su vida. Pasen sólo éstos." Sin embargo, contamos más de cincuenta mil personas que tomaron la decisión de recibir a Jesucristo.

Mis reuniones con los líderes de la iglesia local fueron también muy estimulantes. Creo que Singapur se va a convertir en un bastión del cristianismo. Allí hay gente que está dedicada al crecimiento de la iglesia. Tengo la esperanza de que ellos usarán la nueva prosperidad que les ha llegado para proclamar con mayor eficacia el evangelio de Cristo a los asiáticos.

Ya sea en Francia, donde mil personas acudieron a

Cristo, o en Dinamarca, o en Finlandia, o en Alemania Occidental, o en Japón; hemos visto que el movimiento Crecimiento de la Iglesia Internacional es un instrumento efectivo en las manos de Dios para llevar a los líderes y a los miembros de la iglesia una nueva esperanza y una nueva visión.

En enero de este año [1984], hablé en el Seminario Fe, que se halla en Winter Haven, Florida, Estados Unidos de América. El pastor Quinten Edwards patrocinó esta conferencia en su bella iglesia nueva que tiene una capacidad para cuatro mil personas. El doctor Edwards también es miembro de nuestra Junta Consultiva. Mientras estaba yo en este seminario, me habló el Espíritu Santo: "Hijo, tienes que tocar a todo pastor y a toda iglesia de este país. Aunque te concedo hablar a todos los cristianos, tu principal tarea es la de hablar a los pastores y a los líderes de iglesias." El viernes por la noche anunciamos que el domingo por la mañana yo hablaría sólo a los pastores y líderes. A las nueve de la mañana vi a doscientos pastores reunidos en la Catedral Ciprés, con el anhelo de oír la Palabra de Dios. En esa reunión hablé durante dos horas. Mientras les presentaba el mensaje, noté que sólo había unos pocos que no tenían lágrimas en los ojos. Algunos me dijeron que la unción del Espíritu Santo había sido tan poderosa que difícilmente pudieron mantenerse en sus asientos.

Este evento cambió mi estrategia. Ahora tengo una reunión especial con los líderes de la iglesia en todas partes a donde voy en los Estados Unidos de América. También oro por cada uno de ellos para que Dios imparta la visión del crecimiento de la iglesia.

Creo que sólo hemos visto el comienzo de la eficacia del movimiento Crecimiento de la Iglesia Internacional. Ya puedo ver que se está alcanzando con el mensaje del evangelio de Jesucristo a todos los países del mundo. Puedo ver que todos los pastores que aman a Cristo en este mundo reciben una nueva visión del Espíritu Santo y que así comienza un avivamiento espiritual en la iglesia local.

¿Es demasiado grande esta visión? ¡No! Para que esta obra se haga tenemos que ver una iglesia próspera en todas las comunidades de la tierra. Debido a que Dios me ha permitido desarrollar la iglesia más grande en la historia del mundo puedo hablar con experiencia y autoridad.

El mismo Dios que tomó a un muchacho que agonizaba con tuberculosis mortal y lo sanó, el mismo Dios que salvó a este joven que militaba en el budismo, el mismo Dios que lo hizo desarrollar la iglesia más grande en un país del Tercer Mundo; ese mismo Dios ayudará este ministerio en cooperación con otros ministerios dedicados a la evangelización del mundo.

Tenemos que trabajar todos conjuntamente para traer de regreso al Rey de reyes y al Señor de señores.

8
EL CRECIMIENTO
DE LA IGLESIA
Y EL FUTURO

Hace varios meses volaba de regreso de un viaje de conferencias, cuando me di cuenta de que al otro lado del pasillo del avión estaba sentado un caballero. Me pareció que estaba jugando con su reloj durante un rato prolongado. Así que me paré y, al pasar cerca de su asiento noté que estaba jugando un juego de video en su propio reloj de pulsera. Esto me dejó reflexionando mientras regresaba a mi asiento.

Estamos en la era de los cambios mayores de la historia. La tecnología se ha desarrollado tan rápidamente que es imposible predecir lo que será la vida dentro de diez años. La revolución tecnológica ha afectado las vidas de las personas en casi todo el mundo. En Corea podemos ver los sucesos de la mitad del mundo en el mismo momento en que ocurren.

En el sentido social, el mundo es mucho más diferente de lo que jamás pensé que sería posible. No sólo en los Estados Unidos de América, sino en la mayor parte del mundo, se clasifica a la gente por simples números. Esto ha producido una pérdida del sentido general de la identidad personal en la sociedad. Las computadoras han tomado muchos trabajos que antes eran realizados por personas. Palabras como *bit* (unidad elemental binaria de información), *chips* (circuitos integrados), y *software* (servicios y operaciones auxiliares necesarios para la utilización de la computadora) están llegando a ser parte integral de nuestro lenguaje. La deshumanización de la sociedad moderna ha traído, en consecuencia, numerosos problemas a que tiene que enfrentarse la iglesia. La alienación, la soledad y la depresión son síntomas comunes de nuestro sistema de vida moderno. Para crecer, la iglesia tiene que conocer los problemas de los hombres modernos, y darles soluciones para ellos.

El temor ha estado con nosotros durante un largo tiempo, pero nunca de manera más intensa que hoy. Nuestra capacidad para destruir este planeta con sólo presionar un botón ha hecho que gran parte del mundo viva con temor. Históricamente siempre ha habido sucesos lamentables. Sin embargo, los sistemas de comunicación instantánea de hoy hacen que estemos más enterados que nunca antes de catástrofes, guerras, terremotos y revoluciones.

Otro hecho que está cambiando a la iglesia hoy es la explosión demográfica mundial. En el año dos mil habrá más personas vivas sobre este planeta que el número combinado de vivos y muertos que haya vivido antes en la historia humana. Sin embargo, sólo un pequeño porcentaje de la población del mundo tiene la mayor parte de las riquezas del globo. Las desigualdades existen por todas partes. La injusticia, la opresión y la inhumanidad están creciendo. ¿Qué posición asumen los representantes de Dios en estos importantes asuntos? ¿Tiene importancia la iglesia para la sociedad de hoy? Estas preguntas nos las hacen todo el tiempo, no sólo aquellos que tienen una posición religiosa liberal, sino también otros creyentes evangélicos que de manera creciente se manifiestan sensibles y preocupados.

Alvin Toffler, escritor norteamericano bien conocido, escribió hace poco un libro que trata sobre los cambios sociológicos que están ocurriendo, en el cual se preocupó por ofrecernos una persperctiva extraordinaria de ellos. En este libro titulado *The Third Wave* (La tercera oleada), él analiza el pasado en función de oleadas de experiencia humana. Usa la metáfora de la oleada por cuanto las olas se mezclan unas con otras, de tal modo que con frecuencia coexisten y, sin embargo, se distinguen.

La primera oleada fue la de la sociedad agrícola. Esta oleada duró miles de años. La segunda oleada fue la revolución industrial que comenzó en el siglo diecinueve. La tercera es la oleada que estamos experimentando ahora: la oleada del futuro. Sin embargo, esta ola no se define fácilmente en el libro de Toffler. Aunque me parece interesante el libro, también encontré que el autor no podía predecir lo futuro con la misma claridad con que describió lo pasado. Siempre es más fácil ser un historiador que ser un profeta. Me preocupa el hecho de que muchos ministros del Evangelio consideran que los cambios que están ocurriendo son malos. Se les olvida que Dios es quien controla el futuro del mundo, no el diablo. Todos los problemas actuales y futuros que experimentemos no son necesariamente obstáculos, sino oportunidades. La iglesia no puede ser víctima de los cambios; tiene que ser la luz que guía en medio del cambio.

En mi mente no hay ninguna duda en el sentido de que el libro más leído en la historia del mundo tiene las respuestas en forma de principios para los problemas a que nos enfrentamos en la última parte del siglo veinte. Sin embargo, la verdad de Dios, la Biblia, debe ser interpretada para que el mundo pueda entender su mensaje. Jesús no citó la Biblia para el mundo. El tomó la Palabra de Dios y la interpretó para satisfacer las necesidades del pueblo al cual ministraba. Para crecer, la iglesia debe satisfacer las necesidades de la sociedad debe responder las preguntas y sanar la enfermedad espiritual y emocional que atormenta a todo el pueblo. En el tiempo futuro, la iglesia tendrá que enfrentarse a los problemas que se le presentan ahora, y también proclamar y vivir con eficacia la realidad de las buenas noticias. Para hacer esto, tenemos que identificar los problemas básicos a que nos enfrentamos hoy. También tenemos que recordar que el mundo no puede ofrecer soluciones para las necesidades básicas del hombre; sólo puede formular preguntas. Nuestra responsabilidad consiste en oír con detenimiento las preguntas, analizarlas con oración y dar las respuestas con humildad.

Ni siquiera la ciencia tiene las soluciones para las necesidades humanas de la sociedad; sin embargo es útil en cuanto a darnos información y datos. Cuando los científicos tratan de asumir el papel de profetas, por lo general dan saltos de fe más grandes que los que dan los cristianos. Robert J. Oppenheimer, un científico teórico, y uno de los padres de la bomba atómica, trató de meterse en el papel de profeta en la década que comenzó en 1960. Declaró que el futuro sería brillante a causa del avance de la ciencia. Que los científicos serían capaces de resolver los problemas del hombre. Sin embargo, veinte años más tarde, tenemos más problemas sociales que los que jamás imaginara el doctor Oppenheimer. La verdad es que los científicos enfocan los males humanos desde un punto de vista equivocado. Puesto que el problema básico del hombre es espiritual, la solución tiene que tener base espiritual. Sólo los que estamos en comunión con el Espíritu Santo podemos hacer frente con eficacia a los problemas del mundo. Al hacer esto, llenaremos el vacío de la necesidad humana y llegaremos a ser más importantes en las mentes de los que componen nuestra comunidad.

Nuestro mensaje. Tenemos que presentar nuestro mensaje con claridad y concisión. Debemos enfocar asuntos que sean prominentes en el pensamiento de nuestra comunidad. Tenemos que hacer las preguntas que se hace el pueblo y nuestras respuestas deben contestar tales preguntas de manera honesta y específica. Ningún otro grupo tiene como recurso un Libro que es eternamente verdadero. Somos los custodios del manual del fabricante para una vida mejor. Sin embargo, el mundo no está enterado de las instrucciones claras que Dios nos ha dado. Una vez leí un dicho que me ha parecido veraz: "Cuando falle todo lo demás, lea las instrucciones." La sociedad no está funcionando. ¿Dónde están las instrucciones? Están en la Biblia. El Espíritu Santo está esperando que nos comuniquemos con El de modo que pueda tomar la verdad eterna y aplicarla específicamente a nuestros problemas actuales.

Un mensaje de éxito. Hay un postulado básico para el éxito en los negocios: "Busca un vacío y llénalo con eficiencia." Este mismo principio funcionará en la estructuración de una iglesia que tenga éxito. ¡Busca un vacío! Todos tienen un vacío. Toda ciudad tiene algo que le preocupa, bien sea el desempleo, la inflación, la escasez de energía, el crimen, la política o alguna otra cosa. ¡Llene usted ese vacío! Comuníquese con el Espíritu Santo y descubra lo que El quiere decir acerca de tal problema. El lo dirigirá a usted para que consiga las porciones bíblicas adecuadas. ¿Con cuánta frecuencia leemos que Jesús tomó un rollo del Antiguo Testamento, leyó un capítulo, y luego comenzó a hablar sobre los versículos que había leído? No con mucha frecuencia. ¿Por qué? Porque El sabía atraer la atención de la gente.

¿De qué sirve tener las respuestas, si la gente no hace las preguntas? Tenemos que enfocar las preguntas que la gente se hace de continuo. Jesús enfocó asuntos como los impuestos que imponían los romanos y las actitudes que debían adoptarse hacia los pobres y maltratados. Luego, dio las respuestas del Padre y las respaldó con palabras de las Escrituras. Al echar una mirada al ministerio de la iglesia del Nuevo Testamento, vemos a un grupo que no estaba saturado de intelectuales, que tenía pocos recursos económicos, pero que tuvo la capacidad para cambiar el curso de la historia. Esta es la clase de iglesia que, en la hora más angustiosa del fin de esta era, puede satisfacer las necesidades de la humanidad. Lo que se necesita en la iglesia es que se termine el proceso de restauración. Es decir, que la iglesia sea reconstruida hasta que vuelva a tener su equilibrio, ministerio, verdad, unidad y poder como los tuvo al principio.

En sentido escatológico, creo que viene un período en que el mundo experimentará gran tribulación. Creo que el Anticristo se manifestará y los hombres recibirán la justa recompensa de sus acciones. Sin embargo, creo que la iglesia llegará a ser fuerte antes del fin de esta era y será capaz de llevar adelante la visión original que Cristo le dio: la de llevar las buenas noticias a todas las naciones antes del fin del mundo. Por lo tanto, tengo optimismo en cuanto al futuro de la iglesia.

¿Podemos utilizar los recursos que tenemos a nuestra disposición para predicar la Palabra de Dios con eficacia a los más grandes auditorios potenciales que jamás se hayan congregado en la historia del mundo? ¿Es posible que proclamemos la verdad con el poder del Espíritu Santo y que, como resultado, lleguen más personas al cielo que al infierno? La respuesta para cada una de estas dos preguntas tiene que ser afirmativa.

Para lograr estas grandes metas, tenemos que completar el proceso de restauración. ¿Qué quiero dar a entender cuando hablo de proceso de restauración?

Después que la iglesia llegó a ser aceptable y recibió poder, también se corrompió. La degeneración resultante causó en la historia europea lo que comúnmente se conoce con el nombre de Edad de las Tinieblas. Se produjo un cambio cuando Martín Lutero redescubrió la doctrina de la justificación por la fe y la volvió a introducir en la iglesia. Juan Wesley fue usado por el Espíritu Santo para manifestar otro aspecto de la reforma y del proceso de restauración. Wesley hizo hincapié en la verdad de la santificación y de la santidad. Se volvió a introducir en la iglesia lo relativo al Espíritu Santo y sus dones, de una manera nueva, al comienzo de este siglo. Ahora estamos siendo testigos de la restauración de la iglesia local y su crecimiento como parte integral del proceso de restauración.

Ahora los pastores están descubriendo que su función principal es la de preparar al laicado para la obra del ministerio. Están estableciendo el ministerio de casa en casa al igual que en el templo. Al creer en la renovación y planearla, se están preparando para el avivamiento más grande que se haya producido en la historia del mundo. Por lo menos hay unos cinco aspectos que creo deben ser restaurados pronto en la iglesia.

1. El equilibrio entre la razón y la espiritualidad

Por naturaleza, los hombres son atraídos hacia dos diferentes aspectos de la comprensión: el místico y el racional. Un neurocirujano me dijo una vez que las dos áreas del cerebro que controlan las emociones y la razón trabajan de manera diferente en todos nosotros. Por tanto, somos atraídos bien hacia el aspecto místico del cristianismo, o hacia lo que llamaré espiritual o racional. Esta dicotomía de percepción ha existido desde Aristóteles y Platón. Sin embargo, en la iglesia del Nuevo Testamento, Pablo pudo presentar la doctrina básica de la fe, mientras Juan presentó la relación experimental con Cristo. Había un equilibrio entre la teología y la experiencia.

Calvino, aunque había sido influido por el concepto de San Agustín respecto de la gracia, confió mucho en la razón para el desarrollo de su teología. Sin embargo, usó la razón dentro de la estructura de las Escrituras. Pudo influir y a su vez cambiar la sociedad de su tiempo mediante la enseñanza continua de la Palabra de Dios. Sin embargo, hizo poco hincapié en el aspecto experimental del cristianismo.

La enseñanza de Martín Lutero fue también ortodoxa; sin embargo, se refería con frecuencia a sus propias experiencias espirituales.

Los cristianos evangélicos de hoy se enfrentan a la misma elección en lo que respecta a su fe. Sin embargo, lo que está llegando a la comunidad creyente es un balance apropiado entre la razón y la experiencia. Nosotros, en la Iglesia Central del Evangelio Completo estamos empeñados en alcanzar una síntesis adecuada entre la experiencia y la teología. En estos últimos cinco años he podido comprender la importancia de los dos aspectos. Como procedo de una tradición pentecostal, el cristianismo experimental ha influido sumamente en mí. Esto hace que la realidad de la presencia divina llegue a ser significativa, no sólo para mi mente, sino también para mi corazón. Sin embargo, he notado que muchos que confiaron demasiado en la experiencia se inclinaron a ser inestables en su andar cristiano. Esto se debe a que la experiencia no es una constante. Se basa en la emoción humana, la cual es neutra desde el punto de vista moral. Dicho esto en otros términos equivalentes, las emociones no son buenas ni malas. Son un fenómeno de la vida que puede constituirse en la base para un gran dolor o para un gran placer, lo cual depende de los estímulos.

La iglesia no comenzó originalmente como resultado de una serie de conferencias teológicas; comenzó por medio de una intervención divina que dio como resultado la exaltación de las emociones. No obstante esto, la iglesia creció a causa de la continua enseñanza de los apóstoles y de la aplicación práctica de esa enseñanza a la comunión y a la oración diarias de los nuevos santos.

El énfasis que hace nuestra iglesia no ha olvidado la parte experimental, particularmente la experiencia más importante que es el nuevo nacimiento; pero hemos enseñado a nuestro pueblo la manera de vivir y dar el testimonio de Cristo. Nuestros servicios son de tal naturaleza que la persona que llegue a nuestra iglesia por primera vez no se sentiría incómoda. Hemos tratado de mantener un equilibrio entre la fuerte enseñanza y la experiencia. Sin embargo, he notado también que, en muchas iglesias que hacen hincapié puramente en la enseñanza y niegan la experiencia, los miembros tienden a ser secos y sin vida. La oración, que es el ingrediente clave para el avivamiento espiritual, no se destaca con el fervor que se nos presenta en las Escrituras. Lo que necesitamos es estar libres del temor a lo desconocido y confiar en que el Espíritu Santo no nos traerá confusión sino paz.

Hace poco disfruté de una visita que hice a la Primera Iglesia Bautista de Van Nuys, California, Estados Unidos de América. Durante varias semanas, el pastor Jess Moody enseñó sobre la alabanza y la adoración. Aunque su iglesia no es carismática, ellos cantan y adoran a Dios de una manera tan entusiasta que uno pensaría que está en una iglesia pentecostal. El doctor Moody, un erudito con una reputación de fidelidad mantenida durante largo tiempo dentro de su organización religiosa, la Iglesia Bautista del Sur, cree que la enseñanza bíblica con respecto a la alabanza y la adoración no puede quitarse de la Biblia. Puesto que la iglesia evangélica cree en las Escrituras, el entusiasmo pertenece tanto a los evangélicos en general como a la comunidad pentecostal. El vigoroso crecimiento que hay en la iglesia del doctor Moody no sólo se atribuye al sistema de grupos hogareños, sino también a los servicios de adoración animados y vibrantes que se celebran los domingos.

El Espíritu sin la Palabra de Dios produce fanatismo. La Palabra de Dios sin el Espíritu produce estancamiento. Un equilibrio adecuado de estos dos elementos producirá un crecimiento dinámico de la iglesia.

2. La restauración del ministerio

Un problema que existe dentro de la iglesia hoy es la erosión de la confianza de parte del público en general hacia muchos que ejercen posiciones de liderazgo dentro de ella. Los periódicos atacan, aparentemente de manera impune, la credibilidad y la ética de los ministros religiosos. Muchos de los líderes religiosos más conocidos últimamente han sido atacados de una manera extraordinaria en lo relacionado con lo moral y con sus negocios. Desafortunadamente, esto afecta a todos los que estamos en el ministerio. Aunque la mayor parte de las cosas que se informan contra el pueblo de Dios no son hechos comprobados, Satanás ha utilizado esta barrera de fuego para desacreditar a la iglesia en general. El cinismo que se ha desarrollado dentro del público en general no es nuevo. En la Edad Media, la comunidad europea desarrolló una actitud similar hacia los ministros religiosos. Esto ayudó a motivar la Reforma. Lo que se necesita hoy es una nueva reforma, y ésta tiene que comenzar entre los líderes de la iglesia.

El profeta trata este mismo problema en Ezequiel 34. Este capítulo se corresponde con Jeremías 23. Dios reprende con términos vigorosos a los pastores de Israel. La base de este juicio se establece en cuatro partes:

1. Dios hace responsables a los líderes por el cuidado de las ovejas.
2. El cuidado adecuado de las ovejas impedirá que ellas se descarríen.
3. La alimentación adecuada les proveerá seguridad.
4. La causa radical del problema consiste en que los pastores se interesan por sus propias necesidades y no por las del pueblo.

La respuesta de Dios es explícita.

David sería exaltado como pastor y Dios sería más evidente para las ovejas. En estas condiciones, el pueblo sería bendecido y bien alimentado. Lo que se necesita en esta última parte del siglo veinte es una restauración del ministerio. La palabra *ministro* no significa gobernante, sino *siervo*. La base de nuestra autoridad no es judicial sino voluntaria. El pueblo seguirá mi liderazgo, no porque tiene que seguirlo, sino porque quiere. ¿Qué es lo que hace que trescientas mil personas deseen seguir mi liderazgo como pastor? Sencillamente, ellos saben que soy el pastor de ellos por cuanto les sirvo. ¿Cómo puedo servir a tanta gente? Por cuanto David (el Señor Jesucristo) obra por medio de mí. Por tanto, no puedo recibir personalmente el crédito por el éxito; Cristo sí lo merece de manera abundante. El es el Pastor. Yo soy un pastor subordinado a El. Mi trabajo consiste en llevar a cabo las instrucciones que El me da.

El hecho de que somos sencillamente siervos de la gente debe demostrarse con acciones, y no con palabras:

1. Nuestra actitud no puede ser arrogante, sino humilde.
2. Nuestro estilo de vida no puede poner nuestros motivos en tela de juicio.
3. Nuestro ministerio no puede estar dirigido a fomentar nuestro propio perfil personal.
4. Nuestros recursos no pueden usarse para erigirnos monumentos a nosotros mismos.
5. Nuestro tiempo no puede emplearse en actividades y compromisos que no beneficien directamente a la iglesia.
6. Nuestra vida de oración tiene que mantenerse, de tal modo que el Príncipe de los pastores pueda dirigirnos de manera activa y continua.
7. Nuestros deseos tienen que purificarse de todas las búsquedas que no pertenezcan al reino de Dios.

El hecho de seguir los siete principios que acabo de enumerar no impedirá que Satanás nos lance ataques, pero sí impedirá que haya ataques justificados. Mientras permanezcamos fieles a Cristo, él está obligado a justificarse. Por lo tanto, no necesitamos justificarlo.

Así como el siglo dieciséis produjo un nuevo ministerio que llegó a ser el ejemplo para que otros lo siguieran, del mismo modo veo que hoy se desarrolla un nuevo ministerio. El deseo de estos nuevos siervos de Dios es el de servir a las ovejas y no el de servirse a sí mismos. Su meta es la edificación del reino de Dios y no la edificación de sus propios reinos. Su fuente es el Espíritu Santo y no sus propias ideas. Esto producirá una credibilidad nueva y fresca dentro de cada comunidad y entre aquellos que sinceramente buscan la realidad que sólo Cristo puede dar.

Por tanto, soy optimista con respecto al futuro de la iglesia en el fin de esta era. Tenemos el ejemplo de la iglesia primitiva, que no era perfecta, pero tenía poder. Tenemos también dos mil años de historia de la iglesia, la cual puede ayudarnos a que no cometamos los mismos errores. Y también tenemos la promesa que hizo Cristo cuando realizó su primer milagro: que Cristo ha guardado lo mejor para lo último.

3. La restauración de la fe

Para entender la creciente importancia del papel de un ministerio equilibrado de la iglesia para el mundo, tenemos que entender hacia dónde marcha el hombre del siglo veinte.

Mientras viajaba el año pasado por una notable ciudad del Oeste, entré en un museo de arte. Aunque por lo general me hallo tan ocupado que no tengo tiempo para ir a los museos, tuve la curiosidad de averiguar lo que estaban expresando los artistas de la década de los ochenta. Me detuve en la sección llamada: "Arte Moderno". Luego estudié algo que parecía un grupo de líneas irracionalmente pintadas en el lienzo. "¿Es esto arte? — me pregunté — Mi hijo menor pudiera pintar mejor." Sin embargo, mientras regresaba al hotel, en vez de simplemente criticar, comencé a pensar en lo que había experimentado. Para los cristianos es demasiado fácil criticar al mundo de hoy y juzgarlo según nuestras normas. Si se nos ha dado la gracia de Dios para vivir, pensar y actuar como cristianos, entonces ¿por qué debemos estar prestos para juzgar al mundo, si las personas del mundo no han recibido esta gracia? No, la responsabilidad del siervo de Dios no es la de juzgar el sistema del mundo, sino la de llevar la verdad de Dios al no regenerado, de una manera comprensible y amable.

No es difícil comprender que el mundo, tal como una vez lo conocimos, ha cambiado. Sólo tenemos que encender nuestros radios y sintonizar lo que actualmente se llama "la nueva onda". Si soportamos escuharlo durante algunos minutos, comprenderemos que ya no oímos melodías ni armonías, sino puro ruido. Las normas que solían regir la composición musical se han quebrantado de manera sistemática con el deseo de liberarse de ellas. La amenaza implícita de lo que está detrás de nuestro nuevo arte y de nuestra nueva música es un creciente sentido de extremo escepticismo; no sólo escepticismo básico con respecto al concepto de la verdad. En otras palabras, el desorden general que está creciendo en la mayoría de los aspectos de la expresión humana es un ataque contra la cualidad básica del orden mismo. Para entender esto, tenemos que entender la relación que hay entre la verdad, el orden y las normas. Las normas existen para mantener el orden. El orden existe a causa del concepto básico de la verdad que tiene el hombre.

En el pasado la composición musical era ordenada y tenía significado. J.S. Bach compuso su música con gran simetría. Había un comienzo y un fin. Las artes visuales también tenían significado. Las grandes obras maestras de la pintura podían apreciarse por cuanto el observador entendía inmediatamente el tema de la pintura. El pintor también exhibía su tema de tal manera que pudiera dejar a la persona impresionada con alguna interpretación o sentimiento determinado. Era así como la pintura expresaba significado. ¿Qué produjo este cambio espectacular y desconcertante? ¿Qué está impulsando la continuación de la destrucción del orden en la sociedad de hoy? Opino que tal cosa es un ataque contra el orden producido por el escepticismo respecto de la verdad.

Una persona escéptica es la que ya no cree en la universalidad, ni en la integridad ni en la objetividad de la verdad. Por lo tanto, se convierte la verdad en una realidad subjetiva. El escéptico afirma: "Lo que es verdadero para ti, no es necesariamente verdadero para mí." Para el escéptico, como la verdad ya no es universal, pierde su significado. Puesto que la verdad, según el escéptico, ya no es significativa, pierde su integridad, Y por cuanto ya no es objetiva, puede hacerse personal y subjetiva.

Entonces el escéptico puede justificar su ética como una ética de situación. Es decir, lo que es correcto puede cambiar, y esto depende de las circunstancias, Puesto que los artistas y los músicos son los intérpretes manifiestos de la filosofía que prevalece hoy, pintan y componen para convencer a la sociedad actual de la realidad y autenticidad de su propia posición filosófica.

Según el entendimiento que tengo de este nuevo punto de vista, debo afirmar que esta posición del escepticismo no es nueva. Pirrón, un antiguo filósofo griego, fue el primer exponente conocido de esta filosofía. Así que esta posición es llamada el pirronismo entre filósofos y teólogos. ¿Cuál es nuestra respuesta?

Aunque la persona que se adhiere a este punto de vista no es nueva en el mundo, lo que sí es nuevo es la amplia aceptación que ha tenido el escepticismo en la comunidad intelectual de Occidente. En el Oriente sólo ahora estamos siendo afectados por esta filosofía. Si juzgamos basados en la historia reciente, muy pronto la iglesia tendrá que enfrentarse a un gran ataque del escepticismo.

Cuando la verdad llega a ser relativa, deja de existir. Cuando digo: "Esto es cierto", no sólo estoy declarando mi opinión acerca de algo que, por supuesto, es subjetivo. Estoy confiando en una realidad universal que prueba tal declaración. Esto significa que, sin excepción alguna, tal afirmación sea siempre cierta. Aunque algunos filósofos modernos afirman que las afirmaciones sólo pueden ser universalmente ciertas en la ciencia exacta de las matemáticas, otros afirman que también pueden ser ciertas en la experiencia y en la lógica. Por ejemplo, ahora [en 1983], hay más de trescientos mil miembros en nuestra iglesia en Seúl. Esa afirmación es verdadera. Se puede verificar, pero cambiará en una semana. Por tanto, no es una afirmación universalmente cierta. "La tierra es básicamente redonda y no plana". Esta afirmación fue cierta antes que Colón saliera de España hacia el Nuevo Mundo. Es cierta ahora. Y, a menos que haya una destrucción del globo, seguirá siendo cierta.

¿Qué es lo que ha producido este escepticismo?

En un período de sólo tres décadas hubo dos grandes guerras en Europa, las cuales causaron gran devastación. Esta devastación no fue sólo material y social, sino también intelectual.

En los siglos diecisiete y dieciocho, la sociedad secular comenzó a descartar la fe en el cristianismo. En cambio particularmente durante el siglo diecinueve, la comunidad intelectual comenzó a tener fe en la capacidad del hombre para crear una sociedad justa, duradera y pacífica, por medio de la razón y la lógica. Este punto de vista predominante en la filosofía fue también compartido por muchos teólogos. El hombre dominaría todas las enfermedades por medio de la medicina. Por medio de la ciencia, sería capaz de solucionar todos los misterios del universo. Tan pronto como todas las preguntas fueran respondidas, la humanidad podría crear la paz en la tierra. Hacia la religión, se tenía la actitud de que se desvanecería, como habían desaparecido de la escena todos los antiguos mitos. Así que, el hombre tenía confianza en sí mismo.

El Lejano Oriente está más estructurado en torno a sus estratos sociológicos. Confucio enseñó un sistema de ética que penetró en la mayoría de las sociedades orientales. Debido a nuestro perenne exceso de población, en el Oriente tuvimos que aprender a congeniar los unos con los otros. Por lo tanto, adoptamos un sistema que gobernara nuestras acciones en nuestra vida familiar, en los negocios y en la política. El budismo era más filosófico en Corea y Japón que las religiones del Sudeste de Asia.

Sin embargo, la Segunda Guerra Mundial destruyó muchas de nuestras ideas y costumbres. El nuevo vencedor fue un país que se llama los Estados Unidos de América. Este país no vino al Lejano Oriente para colonizar, como lo habían hecho la Gran Bretaña, Portugal y España; sino que nos ayudó a reconstruir y trató de enseñarnos a amar la libertad y la democracia. Por tanto, en nuestra parte de Asia, comenzamos a mirar hacia los Estados Unidos de América en busca de un nuevo orden social e intelectual. Aprendimos inglés a fin de comunicarnos con nuestro nuevo hermano mayor. Parece ser una lección para la historia moderna el hecho de que las ideas comienzan en Europa y necesitan varias décadas para viajar a través del océano Atlántico. Tan pronto como llegan a ser parte de la cultura norteamericana, son transportadas por medio de películas, televisión y literatura a través del mundo en desarrollo. Particularmente después de la Segunda Guerra Mundial, comenzó a crecer el escepticismo que se había estado desarrollando. El existencialismo secular, que no debe confundirse con la teología existente de Kirkegaard, fue promovido por varios filósofos, tales como Heidegger, Sartre, Camus y Beckett, todos ellos del continente europeo.

En Inglaterra comenzó a echar raíces otra rama de la filosofía. Bertrand Russell fue uno de los exponentes de la filosofía llamada "análislis lingüístico". La pérdida de la fe en el concepto positivo del hombre hizo que los filósofos de la Gran Bretaña, y posteriormente de los Estados Unidos de América, se movieran hacia una simple definición de palabras. Pensaron que al entender las palabras que se usaban en la lengua inglesa, la comunicación podría llegar a ser un medio para traer progreso.

El punto de vista existencialista secular es el de existir por el momento. La universalidad y la objetividad dieron lugar a la subjetividad. En la década de los sesenta, los Estados Unidos de América se enfrentaron a una revolución similar en su sociedad. Aunque el escepticismo estaba principalmente localizado en los principales centros intelectuales del país, su fuerza estaba creciendo. La guerra de Vietnam fue el impacto social que dio origen al desorden que produce el escepticismo. En ese tiempo fueron atacados el patriotismo, la fe en el Dios supremo y hasta los elementos más básicos de la estructura social norteamericana.

Aunque los Estados Unidos de América vencieron los aspectos más insidiosos del escepticismo, sus postulados básicos están aún en acción en el arte y la música. Las implicaciones sociales e intelectuales se han visto en las películas y en los libros que se han exportado a todo el mundo. Las películas que ahora presentan a los antihéroes como principales personajes, los programas de televisión que predican la inmoralidad y la promiscuidad sexual como aceptables, y los libros que proclaman la total libertad del individuo a expensas del bienestar de la sociedad, están afectando de manera rápida al resto del mundo.

La prosperidad de las décadas pasadas sólo ha provisto más ocio para las prácticas que detestamos los cristianos. El uso ilegal de las drogas, aun por parte de los líderes públicos y de los principales hombres de negocios, el crimen, la pornografía como arte y la homosexualidad son sólo los síntomas, y no la causa, de los problemas que la iglesia local tiene que enfrentar en el futuro.

El problema básico es el escepticismo, que ataca la universalidad y la objetividad de la verdad. ¿Qué podemos hacer para prepararnos a enfrentar las necesidades de esta perdida generación?

No somos filósofos en absoluto, ni teólogos. Pero todos hemos sido llamados por Cristo a amar. Por tanto, tenemos que seguir los siguientes tres principios básicos:

1. Entender el problema.
2. Entender las causas del problema.
3. Presentar la verdad en la práctica.

En muchísimas maneras, nuestra tarea de predicar se ha hecho más fácil. No tenemos qué hacer frente a la fe equivocada que el hombre solía tener en la ciencia y en la tecnología para satisfacer las necesidades humanas de nuestra sociedad. Tampoco tenemos que hacer frente a la gran fe que el hombre ha tenido en su propia bondad inherente (según la cual, él no necesita ser salvo de nada). Por lo tanto, en el presente, y aun más en lo futuro, vamos a poder hablar a los corazones que estén abiertos para el evangelio. El ataque contra la verdad ha producido un vacío que sólo puede llenarlo Jesucristo, quien es la Verdad.

El entendimiento del problema. Como he afirmado antes, el problema no está en el desorden creciente que hay en el arte, la música y la sociedad. El problema es más complejo. Es abandono cada vez mayor de la verdad, en su forma universal y objetiva. El hecho de que el argumento de los escépticos es irracional no parece molestarlos, ya que tienen poco deseo de ser racionales.

El entendimiento de la causa del problema. No se ha llegado al escepticismo mediante la razón. Básicamente fue una reacción emocional ante la depravación del hombre. Para el cristiano bíblico, este no es un hecho nuevo. La Biblia siempre ha enseñado que el hombre no regenerado es básicamente pecador, y que sólo la gracia de Dios puede hacer que el hombre sea moral e íntegro. Jesús llevó a la cruz el pecado del hombre. Al confiar en su sacrificio, que satisfacer la justicia de Dios, el hombre es salvo del pecado.

Entonces, el futuro es nuestro. Sólo el cristiano evangélico tiene una estructura universal y objetiva de la realidad. Tenemos al Creador, el Padre. Tenemos la fuente de la interpretación, el Espíritu Santo. Tenemos el Ejemplo, el Señor Jesucristo. Y tenemos el grupo manifiesto que ha puesto la verdad en operación diaria, la iglesia.

Al captar una visión del ilimitado crecimiento, y al organizarse también de tal manera que pueda manejar con eficacia el crecimiento, la iglesia puede llenar el vacío que han creado los escépticos. Sin embargo, la iglesia no tiene que confiar sólo en su capacidad para proclamar la realidad de la verdad de una manera clara y racional. También tiene que proclamar la verdad con el poder del Espíritu Santo.

4. La restauración del poder

". . . pero recibiréis poder" (Hechos 1:8). La diferencia entre la predicación del Evangelio ahora y la que hubo en el tiempo de la iglesia primitiva está en el poder. Aunque usamos medios de comunicación más poderosos, nuestro mensaje parece ser menos potente. La diferencia la constituye el Espíritu Santo. Esta no es sólo una afirmación individual sino más bien una observación colectiva.

Para entender el problema, tenemos que estudiar la promesa. En Hechos 1:8 se nos presentan dos principios.

1. La promesa es de naturaleza colectiva. "Recibiréis" es la conjugación correspondiente a la segunda persona del plural. La promesa del poder se da a los discípulos

como grupo. La iglesia tiene ciertas promesas que puede reclamar como grupo. Aunque podemos ver que el poder se manifiesta en ciertos pastores y predicadores como individuos, la iglesia como un cuerpo no está manifestando actualmente el mismo poder que desplegó la iglesia primitiva.

El desafío de las fuerzas de Satanás inherentes en el secularismo, el escepticismo, el comunismo y el materialismo, aumentará. Para responder, creo que la iglesia tiene que mover, y moverá, un nuevo poder colectivo.

2. La promesa es segura. Jesús no dijo: *Pudiereis recibir poder.* No, la promesa es positiva. "Recibiréis poder". La certidumbre de Cristo en el poder manifestado por la iglesia después del Pentecostés no estaba en la capacidad de los discípulos, ni en el valor ni en la voluntad de ellos. Sino que residía en la capacidad del Espíritu Santo.

El Espíritu Santo pudo tomar a hombres y mujeres que no tenían capacidades en lo humano y hacer que los dones divinos fluyeran a través de ellos. Pudo tomar a un apóstol como Pedro, quien había negado a Cristo tres veces en una misma noche, y hacer que se levantara con valor ante una multitud potencialmente hostil de judíos procedentes de todos los rincones del imperio romano. Pedro proclamó con valor, claridad y poder el Evangelio de Jesucristo.

Cristo podía ser cierto para ellos a causa de la obra del Espíritu Santo. Al llegar al fin de esta era hay que confiar en el mismo Espíritu Santo, para que El tome a los que ahora llamamos "pastores" y los convierta en verdaderos pastores subordinados a Cristo, tome a los que llamamos "predicadores" y los transforme en verdaderos evangelistas, y tome a nuestros laicos y los transforme en vigorosos testigos.

5. El poder en acción

Necesitamos poder para dar el testimonio de Cristo. La

promesa de Cristo, que leemos en Hechos 1:8, fue definida: ". . . me seréis testigos". El poder (en griego *dunamos*) de Dios no sólo sugiere el poder de la fuerza, sino también la dinámica del propósito. El poder que Cristo prometió haría de los discípulos testigos (en griego *martures*). Esta palabra tiene tres aspectos básicos:

a. La palabra *mártir* se deriva de este término griego. Por tanto, en el término *testigo* está implicado el sacrificio. El Espíritu Santo da poder a la iglesia a fin de que proclame las buenas noticias de Jesucristo, aun si eso significa un gran sacrificio. De hecho, en aquellas partes del mundo donde la iglesia sacrifica más, su testimonio es más poderoso.

b. En griego clásico, la palabra *martus* (testigo) se refería a una persona que servía de testigo en un juicio. Los testigos más creíbles eran aquellos que tenían conocimiento directo de un evento en particular. Si el que sirve de testigo ante un tribunal sólo repite lo que ha oído que otro dice, su testimonio sólo se estima como una opinión común. Es inadmisible y no se admite en los registros del tribunal.

El Espíritu Santo da poder a la iglesia para experimentar el esplendor y la gloria de Cristo de manera directa. Así la iglesia puede proclamar las buenas noticias del Señorío de Cristo como testigo ocular. Este testimonio es a la vez seguro y creíble.

c. El testimonio había de ser específico: "Me seréis testigos". El Espíritu Santo dio poder a la iglesia para que diera como testimonio las buenas noticias de Jesucristo. No debía predicar ningún otro mensaje. Aunque el evangelio tiene implicaciones sociales, políticas y económicas, el mensaje básico de la iglesia debía ser siempre éste: "Jesuscristo, y . . . éste crucificado."

Un ejemplo perfecto de esto se halla en la vida de Pablo. Los capítulos 17 y 18 del libro de los Hechos nos presentan un relato acerca de dos ciudades: Atenas y

Corinto. Atenas fue un centro intelectual del mundo occidental. Corinto fue un poderoso centro industrial.

En Atenas, Pablo, que se encontraba solo, proclamó el evangelio a la ciudad a través de su capacidad intelectual. En Corinto, donde estaba acompañado por Timoteo, Silas, Aquila y Priscila, no sólo predicó el Evangelio de un modo racional, sino que exhibió el poder del Espíritu Santo. La estadía de Pablo en Atenas fue corta. En Corinto permaneció seis meses.

No leemos que en Atenas ocurrieran grandes milagros. En Corinto, la situación fue diferente: ". . . y ni mi palabra ni mi predicación fue con palabras persuasivas de humana sabiduría, sino con demostración del Espíritu y de poder" (1 Corintios 2:4). El registro bíblico no indica que en Atenas se fundara alguna iglesia. En cambio, en Corinto se estableció una fuerte iglesia en la cual se manifestaron los dones espirituales, aunque estaba dividida en facciones. Si la iglesia ha de experimentar un crecimiento dinámico, tiene que reconocer, como un cuerpo, la promesa de Cristo. El deseo de El es que la iglesia proclame el mensaje con poder a fin de que el mundo escéptico tenga un claro testimonio.

Tal vez todo el mundo no responda a la fe; sin embargo, todo el mundo tiene que recibir un claro testimonio antes del fin de esta era.

6. La restauración de la unidad

Durante muchos años se ha predicado, se ha escrito y se ha orado sobre lo que leemos en Juan 17:24. Sin embargo, la gran meta de la unidad cristiana aún se nos escapa. Históricamente, el obstáculo mayor que ha tenido el cristianismo para dominar en las partes no evangelizadas del mundo ha sido el hecho de que lo proclaman muchas voces que se oponen entre sí.

Para poder vencer las fuerzas que nos dividen, debemos entender lo que somos en Cristo. Pablo, en su

Epístola a los Efesios, nos revela veinte cosas que la iglesia es en Cristo. Lo que sigue es un comentario versículo por versículo sobre porciones selectas de la Epístola a los Efesios.

1. *Somos escogidos* (Efesios 1:4). No somos cristianos porque escogimos a Cristo, sino más bien porque Cristo nos escogió.

2. *Somos santos* (Efesios 1:4). Estamos destinados a ser un pueblo santo, lo cual significa que somos apartados para el servicio divino.

3. *Somos sin mancha* (Efesios 1:4). Por causa de la cruz, estamos libres de toda mancha delante de la presencia de Dios.

4. *Somos predestinados* (Efesios 1:5). Fuimos predeterminados para ser conformados a la imagen de Cristo.

5. *Somos aceptos* (Efesios 1:6). Nuestra unión con Cristo ha permitido que disfrutemos del favor divino.

6. *Somos herencia de Cristo* (Efesios 1:11). Somos la herencia que Cristo recibió después que murió y resucitó.

7. *Somos predeterminados* (Efesios 1:4). Aun antes de que fuera fundado el mundo físico, Dios quiso que nosotros perteneciéramos a Cristo.

8 *Somos para alabanza* (Efesios 1:12). Se tiene el propósito de que seamos una alabanza que le dé gloria al Padre.

9. *Somos sellados* (Efesios 1:13). Hemos sido sellados con seguridad por el Espíritu Santo.

10. *Somos propiedad de Dios* (Efesios 1:14). Ya no nos pertenecemos a nosotros mismos, sino que hemos sido comprados por un gran precio.

11. *Estamos sentados con Cristo Jesús* (Efesios 2:6). Estamos sentados en el trono supremo de Cristo, por encima de toda autoridad en la era presente y en la futura.

12. *Somos su cuerpo* (Efesios 1:23). Constituimos la presencia física de Cristo en este mundo.

13. *Somos su plenitud* (Efesios 1:23). El sólo está tan completo en este mundo como lo estamos nosotros en su iglesia.

14. *Estamos vivos* (Efesios 2:5). Se nos ha dado la capacidad de tener percepción espiritual.

15. *Somos hechura suya* (en griego, *poema*, Efesios 2:10). Somos la obra maestra de su creación para dar gloria al Gran Hacedor.

16. *Somos conciudadanos* (Efesios 2:19). Ahora somos conciudadanos con los santos del Antiguo Testamento que pertenecieron a la nación de Dios. Tenemos plenos derechos y privilegios.

17. *Somos miembros de la familia de Dios* (Efesios 2:19). Estamos incluidos entre los más cercanos parientes de Dios. Somos aceptados como su familia.

18. *Somos su templo* (Efesios 2:21). Somos parte de su morada divina.

19. *Somos coherederos* (Efesios 3:6). Somos coherederos con Cristo. Por tanto, heredamos exactamente lo que Cristo heredó.

20. *Somos el ejército de Cristo* (Efesios 6:11-17). Se nos ha entregado el armamento defensivo y ofensivo con el cual podemos combatir con éxito a Satanás.

He declarado estas veinte posiciones que disfrutamos en Cristo porque tenemos que volver a valorar lo que somos a fin de que podamos comprender lo que no somos. Al echar una breve mirada a lo que somos, según Efesios, podemos notar una deslumbrante similitud: *No podemos adquirir ninguna de estas veinte condiciones mediante nuestros esfuerzos.* Todas las veinte nos fueron dadas por Dios como resultado de la obra de Cristo.

No podemos llegar a ser lo que ya Dios ha hecho que seamos por su gracia. En consecuencia, se hace evidente que con nuestra propia fuerza no podemos llegar a ser nada, sin contar con la gracia de Dios. Esto es sumamente importante cuando pensamos en el tema de la unidad.

Un principio que siempre he mantenido y que ha guiado mi ministerio durante veinticinco años es el siguiente: "Busca el río de la voluntad de Dios. Nada hacia la mitad de él, y permite que la fuerza de su voluntad te haga flotar en dirección a su propósito divino." Creo que esto es lo que quiere decir el escritor de la Epístola a los Hebreos cuando nos habla acerca del reposo. El reposo no es pasivo, sino activo. Sin embargo, no depende de nuestra actividad ni de nuestro esfuerzo. Depende del esfuerzo de la voluntad de Dios, que obra en nosotros y logra resultados duraderos.

7. La unidad del Espíritu Santo

". . . solícitos en guardar la unidad del Espíritu en el vínculo de la paz" (Efesios 4:3). El problema que ha habido en la unión que muchas iglesias han tratado de lograr, está en que sus esfuerzos, aunque nobles, son humanos.

La iglesia del Nuevo Testamento no estaba dividida de manera rígida en organizaciones eclesiásticas con principios determinados y exclusivistas. Sin embargo, las fuerzas mismas que causaron los cismas denominacionales, ya estaban funcionando de todas formas.

Hubo algunos que seguían a Pablo, otros que seguían a Apolos. Algunos favorecían la adhesión de Pedro a la piedad judía; otros practicaban la libertad de Timoteo.

La diferencia estuvo en que la iglesia primitiva tuvo una manera de hacer frente a los conflictos y a los problemas doctrinales. Los concilios pudieran no haber tenido éxito en cambiar las malas tendencias que tuvieron los primeros santos, pero pudieron mantener la unidad por medio de un espíritu de comunicación y compañerismo.

Se nos ordena que guardemos la unidad del cuerpo de Cristo. En Efesios 4:3 hay tres aspectos que debemos explorar:

Primer aspecto: La unidad que se nos manda a guardar es la que produce el Espíritu Santo. El Espíritu Santo es Espíritu de armonía y no de lucha. El impulsa hacia la unidad a todos los que sinceramente están en comunión con El. La unidad es una actitud o estructura de la mente. No significa que siempre estaremos en constante comunicación con todas las demás partes de la iglesia; pero sí significa que estaremos con una actitud de cooperación.

Segundo aspecto: Debemos cuidar o preservar la unidad. La palabra original que se tradujo "guardar" toma su significado original de las acciones de un centinela. Nuestra actitud tiene que ser consciente. Tenemos que estar enterados, despiertos, informados y alerta. Un centinela no puede quedarse dormido mientras está en el cumplimiento de su deber. Pablo dice que tenemos que guardar la unidad por cuanto eso es lo que usualmente puede atacar con éxito Satanás. Si Satanás destruye nuestra unidad, no tiene que temer nuestro poder.

Tercer aspecto: Lo que mantiene la unidad es la paz. La tranquilidad es una de las actitudes más difíciles que se nos llama a mantener. Los cuidados de este mundo pueden destruir fácilmente nuestra paz. Tan pronto se perturba nuestra paz, ya no somos solícitos en guardar la unidad del Espíritu Santo. Así que es sumamente importante mantener nuestros corazones en paz.

8. La unidad de la fe

El cuerpo de Cristo se considerará al fin maduro cuando la iglesia llegue a la unidad de la fe. "Y él mismo constituyó a unos, apóstoles; a otros, profetas; a otros, evangelistas; a otros, pastores y maestros, a fin de perfeccionar a los santos para la obra del ministerio, para la edificación del cuerpo de Cristo, hasta que todos lleguemos a la unidad de la fe y del conocimiento del Hijo de Dios, a un varón perfecto, a la medida de la estatura de la plenitud de Cristo" (Efesios 4:11-13).

Como he afirmado antes, el propósito del ministerio es el de equipar a los laicos. Sin embargo, la tarea de preparar al laicado sólo estará completa cuando nosotros, como iglesia universal, entremos en una comprensión más completa de Cristo.

Esta meta alta y suprema se logrará cuando entremos en la unidad de la fe.

Cuando la iglesia fue originalmente concebida por el Espíritu Santo, los primeros creyentes se hallaban en un lugar y unánimes. Como recién nacidos, eran idealistas, pero ingenuos.

Al final del siglo veinte, tenemos la misma oportunidad con el mismo Espíritu Santo que inició la iglesia. El está trabajando para completarla. Tenemos dos mil años de historia que debemos estudiar y entender. No tenemos excusa si repetimos los errores pasados.

La unidad colectiva nos guiará a un poder renovado para el mensaje y el ministerio. El poder renovado nos conducirá a una comprensión ilimitada. Y esta nueva comprensión nos llevará a la madurez colectiva que Dios espera. El futuro no va a ser fácil. Pero es posible que toda expresión local de Cristo crezca tanto en lo espiritual como en número.

El proceso de restauración ya está obrando. La restauración no es de origen humano, pero exige que los humanos la preserven. El movimiento de crecimiento de la iglesia es parte integral del proceso de restauración. Porque como podemos notarlo, cada iglesia tendrá que hacer frente a los cambios del futuro. El crecimiento cristiano significativo se logra individualmente en cada comunidad que recibe el poder del Espíritu Santo de Dios.

CONCLUSION

En este libro, he tratado de crear una guía para el crecimiento de la iglesia, basada en mis veintiséis años de ministerio. En términos reales, he orado durante centenares de horas con respecto al material que he incluido en esta obra. Ruego a Dios que usted reciba bendición por medio de él.

Ahora cuando usted ha terminado de leer el libro, ore, por favor, para que el Espíritu Santo le dé la gracia y el poder para poner en práctica lo que ha aprendido. Si usted no usa lo que he dicho, entonces su lectura ha sido de poco valor.

Al que mucho se le da, mucho se le demanda. Ahora cuando usted ha leído y entendido lo que he dicho, Dios lo hace responsable.